AF808744

ENTSCHÄDIGUNG
FÜR
UNSCHULDIG ERLITTENE UNTERSUCHUNGSHAFT

EINE SYSTEMATISCH-KRITISCHE DARSTELLUNG
DES REICHSGESETZES VOM 14. JULI 1904

LEIPZIGER JURISTISCHE INAUGURALDISSERTATION

VON

ERNST BRANDIS
REFERENDAR

LEIPZIG
VERLAG VON VEIT & COMP.
1905

Druck von Metzger & Wittig in Leipzig.

DEM ANDENKEN

MEINES TEUREN VATERS

MEINER LIEBEN MUTTER

Inhalt.

Erster Abschnitt. **Einleitung.**

Zweiter Abschnitt. **Voraussetzungen des Entschädigungsanspruches.**

Dritter Abschnitt. **Die Entschädigung.**

Vierter Abschnitt.

Die Geltendmachung des Entschädigungsanspruches.

Fünfter Abschnitt. **Schluß.**

Erster Abschnitt.

Einleitung.

§ 1.

Geschichtlicher Rückblick und Allgemeines.

Das am 14. Juli 1904 erlassene Reichsgesetz betreffend die Entschädigung für unschuldig erlittene Untersuchungshaft hat eine schon seit langer Zeit in Theorie und Praxis heiß umstrittene Frage zu gesetzgeberischer Lösung geführt.

Bereits seit dem 18. Jahrhundert hat sich die Öffentlichkeit mit diesem Gebiete beschäftigt. Je mächtiger sich der Gedanke der allgemeinen Menschenwürde, des persönlichen Rechtes des Einzelnen auf Genuß der idealen Güter des Lebens, in den verschiedenen Kulturländern Bahn brach, um so unerträglicher mußte es erscheinen, daß der Staat, wenn er einen seiner Bürger unter dem Verdachte eines Deliktes seiner Freiheit auf Zeit beraubt hatte, ohne doch schließlich zur Überzeugung seiner Schuld gelangen zu können, dem Verhafteten gleichwohl eine Genugtuung für die ausgestandenen Unbilden der Untersuchungshaft in keinerlei Weise zuteil werden ließ. Mit großer Leidenschaftlichkeit wurde die Versagung einer solchen Genugtuung als Nichtachtung des Rechtsgutes der persönlichen Freiheit, als Antastung der allgemeinen Staatsbürgerwürde gebrandmarkt, weil die Staatsgewalt damit beweise, daß ihr in Wahrheit an der Freiheit ihrer Bürger doch recht wenig gelegen sei, da sie eine Entschädigung für Entziehung derselben als überflüssig und darum unangezeigt erachte. Bezeichnend ist es, daß diese Stimmen zuerst nachhaltig in Frankreich laut wurden, wenn man von einem vorhergehenden, wohl aus ähnlichen Erwägungen entstandenen, aber vereinzelt gebliebenen gesetzgeberischen Versuche Friedrichs des Großen absehen will.[1] Jedenfalls charakterisiert es die Zeit Ludwigs XVI. mit ihren die spätere Aufstellung der „Menschenrechte" ankündigenden freiheitlichen Strömungen, daß im Jahre 1781 eine französische Akademie, diejenige der Künste und Wissenschaften in Chalons sur Marne, ein Preisausschreiben für die beste Beantwortung folgender Frage erlassen konnte:

„Wenn die bürgerliche Gesellschaft eines ihrer Mitglieder durch das Organ des öffentlichen Ministeriums angeklagt hat und das letztere in dem Prozeß unterliegt, welches wären die ausführbarsten und am wenigsten kostspieligen Mittel, um dem für unschuldig erkannten Bürger die Entschädigung zu verschaffen, welche ihm nach natürlichem Rechte gebührt?",

worin also eine Entschädigungsverpflichtung des Staates für die Unbilden einer Untersuchung gleichsam als selbstverständlich vorausgesetzt wurde.[2] Auf dieser Grundlage beruhen denn auch die beiden mit dem Preise der Akademie gekrönten Arbeiten des Brissot de Warville und des Philippe de la Madelaine, indem sie von einer „Schuld der Gesellschaft" (une dette de la société) sprechen und die Verpflichtung des Staates aus einem zwischen ihm und seinen Bürgern bestehenden Gesellschaftsvertrage her-

---

[1] „Neue Verordnung um die Prozesse zu verkürzen" vom 15. Januar 1766, Ziffer 9: „Ist eine des Verbrechens verdächtige Person in Untersuchung geraten, und ist, weil sie nicht hat überwiesen werden können, von fernerer Untersuchung abgestanden worden, so soll, wenn im Verlauf der Zeit, durch nachherige Begebenheiten, die völlige Unschuld dieser Person entdeckt wird, solche nicht nur vollkommene Restitution der Kosten, sondern auch aus der Sportulkasse desjenigen Kollegii, wo die Untersuchung geschwebt, eine nach Bewandtnis der Umstände und der Verschiedenheit des Standes zu arbitrierende Vergütungssumme erhalten, damit die nachher entdeckte Unschuld, wegen allen bei der ersten Untersuchung erlittenen Ungemachs, schadlos gestellet werde." Abgedruckt im Novum corpus constitutionum Prussico-Brandenburgensium, Berlin 1781, Bd. VI S. 19.

[2] Vgl. übrigens die Erklärung, die Ludwig XVI. bei Vorlage der „declaration du roi relative à l'ordonnance criminelle" am 8. Mai 1787 seinen Justizminister vor den Generalständen abgeben ließ: „Zum größten Erstaunen hat Se. Majestät gesehen, daß die Gesetze des Königreichs noch keine Bestimmungen zu Gunsten der unschuldig in Untersuchung Geratenen enthalten." S. auch Berolzheimer S. 8.

leiten.[1] Die also in Fluß gekommene Frage wurde in Frankreich in großer Ausdehnung und mit vieler Parteileidenschaft debattiert, wobei die weitgehendsten Forderungen zu Gunsten der Verhafteten gestellt wurden (hatte doch bereits MADELAINE sogar eine Dekorierung des für unschuldig Erklärten verlangt![2]) Immerhin wurde eine gesetzliche Regelung bezüglich der unschuldig erlittenen Untersuchungshaft nicht erzielt, selbst nicht während der Revolutionszeit und später.[3][4] — Dagegen hatte in Italien, wohin sich die Bewegung alsbald übertrug, die Wissenschaft[5] eine Reihe gesetzgeberischer Erfolge zu verzeichnen; zu nennen ist in erster Linie das toskanische Kriminalgesetzbuch von 1786 (§ 46) und das Strafgesetzbuch für das Königreich beider Sizilien (Kap. 6, Art. 3), welche eine Entschädigungspflicht für jede unschuldig erlittene Haft anerkannten.[6]

Als dann die Zeit der großen Umwälzungen, aus denen heraus der Gedanke der hier behandelten Entschädigung geboren wurde, vorüber war und mit der Wiederherstellung der alten Ordnung vielfach auch die neu gewonnenen Ideen und Anschauungen wieder bei Seite geworfen wurden, lag es gleichwohl in der Natur der Sache, daß die einmal angeschnittene Frage der staatlichen Entschädigungspflicht auch weiterhin Gegenstand der wissenschaftlichen Forschung und praktischen Gesetzgebung bleiben mußte. Denn die Forderung einer staatlichen Entschädigung für unschuldig erlittene Untersuchungshaft hängt mit einem der wichtigsten staatsbürgerlichen Rechte, dem Rechtsgute der persönlichen Freiheit auf das engste zusammen;

---

[1] Vgl. RITTER S. 10. — Nach diesem Gesellschaftsvertrage hat der Bürger das Recht auf Freiheit; der Staat darf dieses Recht nur dem Delinquenten entziehen; entzieht er dasselbe auch dem Unschuldigen, so ist er zum Schadensersatze verpflichtet.

[2] Vgl. RITTER a. a. O.

[3] Das französische Gesetz vom 11. Juni 1895 (Loi sur la revision des procès criminels et correctionels et des indemnités aux victimes d'erreurs judiciaires) billigt nur unschuldig Verurteilten eine Entschädigung zu.

[4] Auf demselben Standpunkt steht Belgien in dem Ges. vom 18. Juni 1894.

[5] Z. B. FILANGIERI, La scienca della legislatione Bd. 2 Kap. 22.

[6] Vgl. hierüber BEROLZHEIMER S. 9, RITTER S. 12; außerdem G.Saal Bd. 36 S. 566.

ja sie entspricht in gewisser Beziehung dem Anspruche des Staates, seinerseits den Staatsbürger zur Sicherung eines Strafverfahrens jenem Recht auf Freiheit ungeachtet in Untersuchungshaft nehmen zu dürfen. So erschienen denn bereits im Jahre 1821 — wiederum in Frankreich! — die „Observations sur plusieurs points importants de notre législation criminelle" von DUPONT, im wesentlichen auf den gleichen Grundlagen beruhend wie die frühere französische Literatur[1]; im Jahre 1855 folgten BONNEVILLE DE MARSAGNY und im Jahre 1871 PRINS-PERGAMENI mit Ausführungen ähnlichen Inhaltes. Inzwischen hatten aber auch Deutschland, Österreich und die Schweiz sich mit der Materie zu befassen begonnen, wie unten[2] noch des näheren dargelegt werden soll. — Allmählich verbreiteten sich diese Bestrebungen über die ganze zivilisierte Welt; in England wurde die Entschädigung unschuldig Verhafteter wiederholt in den Parlamenten gefordert; in Italien hat zuletzt LUCHINI in seinem Werke „Il carcere preventivo" (1872) Untersuchungen auf dem genannten Gebiete angestellt.

Die Frage, ob der Staat unschuldig Verhaftete entschädigen müsse, ist bei der wissenschaftlichen Erörterung vielfach mit der anderen zugleich behandelt worden, ob der Staat zur Entschädigung unschuldig Bestrafter, im späteren Wiederaufnahmeverfahren Freigesprochener verpflichtet sei. Nicht ganz mit Unrecht ist darauf hingewiesen worden[3], daß sich eine theoretische Nebeneinanderbehandlung jener Fragen nicht recht empfehle, weil der Zweck der Strafe von dem der Untersuchungshaft doch allzu verschieden sei, weil es sich im letzteren Falle auch begrifflich allein um Freiheitsentziehung, im ersteren da-

---

[1] Vgl. insbesondere die Ausführungen S. 289 ff. das., abgedruckt bei ROMEN S. 16.

[2] S. 6 ff. dieser Abh.

[3] So v. SCHWARZE, G.Saal Bd. 34 S. 101; neuerdings besonders scharf auch HAMM, D.J.Z. 1904, S. 178 f: „Durch die Entschädigung der in Untersuchungshaft genommenen Person wird nicht ein Fehler der Justiz, ein Unrecht, wieder gut gemacht, sondern einem Unschuldigen der Schaden ersetzt, den er durch eine gegen ihn als verdächtig rechtmäßig verhängte Untersuchungshaft erlitten hat."

gegen um jede mögliche Strafe (Geldstrafe, Todesstrafe, Nebenstrafen!) handeln könne. Immerhin erachtete aber die Wissenschaft im Hinblick auf viele den beiden Ansprüchen bezüglich ihrer theoretischen Grundlagen gemeinsamen Gesichtspunkte zumeist eine gemeinschaftliche Behandlung beider Fragen für zulässig und zweckmäßig. Auch in dem endlichen Resultate, ob Entschädigung vom Staate zu gewähren sei oder nicht, entscheiden sich die meisten Schriftsteller bezüglich beider Ansprüche gleichmäßig für Gewährung oder Versagung.[1]

Mit der Entwicklung der Wissenschaft auf diesem Gebiete in den verschiedenartigsten Kulturländern hat nun aber die Gesetzgebung dieser Staaten zumeist nur höchst unzureichend Schritt gehalten. Entweder versagt der Gesetzgeber Ansprüche der bezeichneten Art dem Staatsbürger grundsätzlich — so z. B. in England[2] — oder aber es gewährt das Gesetz nur den unschuldig Verurteilten, nicht auch den unschuldig Verhafteten einen Rechtsanspruch auf Schadensersatz (so z. B. Österreich — Gesetz vom 16. März 1892 — und Belgien — Gesetz vom 18. Juni 1894). Entschädigung für unschuldig erlittene Untersuchungshaft wird danach nur gewährt in Schweden (Gesetz vom 12. März 1886), Norwegen (Strafprozeßordnung vom 1. Juli 1887 §§ 469 ff.), Dänemark (Gesetz vom 5. April 1888), Ungarn (Strafprozeßordnung vom 4. Dezember 1896, §§ 576 ff.), sowie in einigen Kantonen der Schweiz (vgl. z. B. das Gesetz des Kantons Basel vom 9. Dezember 1889); in Österreich wird ein entsprechender Gesetzentwurf vorbereitet.

Der deutsche Gesetzgeber betrat somit, als er es unternahm, einen Gesetzentwurf betreffend die Entschädigung für unschuldig erlittene Untersuchungshaft zu Stande zu bringen, einen von der Legislatur noch ziemlich unbebauten Boden. Das ist dem Gesetze an einzelnen Stellen auch anzumerken.[3] Vorausgegangen war demselben bereits unter dem 20. Mai 1898 das „Reichsgesetz betreffend die Entschädigung der im Wiederaufnahmeverfahren

---

[1] Vgl. auch die Juristentage (s. u. S. 6 f.).

[2] Gleichwohl scheint dort in praxi Ähnliches geübt zu werden; vgl. Berolzheimer S. 9 Anm. 2.

[3] Vgl. darüber die Abhandlung selbst.

freigesprochenen Personen", welches eine Entschädigungspflicht des Staates gegenüber unschuldig Verurteilten unter bestimmten Voraussetzungen gesetzlich festlegte. Mit dem Gesetz vom 14. Juli 1904 ist daher das Reich nunmehr in die Reihe der Staaten eingetreten, in denen die Gesetzgebung den Wünschen der Wissenschaft und der Parlamente nach beiden Richtungen hin entsprochen hat.

Lange Zeit freilich hat diese Gesetzgebung auf sich warten lassen. Nachdem bereits im Jahre 1830 GESTERDING[1] die Gewährung einer Entschädigung an unschuldig Verhaftete aus Staatsmitteln gefordert hatte, bemächtigte sich die Wissenschaft der Frage allgemein, als HEINZE im Jahre 1865 sein grundlegendes Werk: „Das Recht der Untersuchungshaft" veröffentlichte. Eine Aufzählung der zum Teil hochbedeutenden Aufsätze, die nunmehr innerhalb der nächsten Dezennien aus der Feder von Theoretikern wie von Männern der praktischen Rechtspflege hervorgegangen sind, erübrigt sich an dieser Stelle[2]; darauf hingewiesen werde jedoch, daß dieselben mit fast völliger Einhelligkeit die Entschädigungsverpflichtung des Staates bejaht und damit etwaige theoretische Bedenken, die gegen eine gesetzliche Festlegung des erwähnten Anspruches sprechen könnten, zerstreut haben.[3] Im Einzelnen gehen freilich die Meinungen bezüglich der verschiedensten Fragen weit auseinander.[4] Hier war es das Verdienst der Juristentage, eine Aussprache zwischen den streitenden Anhängern widersprechender Theorieen herbeigeführt und damit mancherlei Meinungsverschiedenheiten beseitigt oder doch wenigstens abgeschwächt zu haben. Während die Juristentage von 1874 und 1875 zu einem Resultate dieser Besprechungen noch nicht gelangten, nahm der Gedanke einer Entschädigung für unschuldig Verhaftete auf der Tagung des Jahres 1876 (XIII. Deutscher Juristentag) durch die Annahme des Antrages JACQUES und STENGLEIN eine bestimmtere

---

[1] GESTERDING, Ausbeute von Nachforschungen, Bd. 3 S. 281.

[2] Vgl. die ausführliche Literaturübersicht bis 1890 bei BEROLZHEIMER S. 30 ff., andererseits das Literaturverzeichnis dieser Abhandlung.

[3] Unter den Wenigen, die den Entschädigungsanspruch überhaupt ablehnten, sei hier VOLLERT (einer der Gutachter zum 11. D.J.T.) genannt.

[4] Vgl. darüber besonders § 2 dieser Abhandlung.

Gestalt an.[1] Auch der Juristentag von 1892 verdient hier noch erwähnt zu werden, wenngleich dieser sich lediglich mit der Frage der Entschädigung für unschuldige Verurteilung befaßte; derselbe hat sich in hervorragender Weise mit dem bei Geltendmachung des Anspruches zu beobachtenden Verfahren beschäftigt, ohne daß freilich seine Beschlüsse sich später in der Gesetzgebung Geltung hätten verschaffen können.[2]

Was die Gesetzgebung der deutschen Staaten im Laufe des 19. Jahrhunderts betrifft, so enthielten dieselben im allgemeinen Vorschriften über Entschädigung unschuldig Verhafteter und Verurteilter nicht. Wohl die einzigen Ausnahmen bilden die Strafprozeßordnungen von Baden (Str.P.O. vom 18. März 1864, § 184) und Württemberg (Str.P.O. von 1868, Art. 484 Abs. 2). Letztere bestimmte — gewißlich unter Anlehnung an das drei Jahre vorher erschienene HEINZEsche Werk — in der angezogenen Vorschrift, daß „einem Verurteilten, dessen Schuldlosigkeit an den Tag käme, der von ihm nicht verschuldete Schaden durch die Staatskasse zu ersetzen“ sei. Indessen haben diese Beispiele partikularer Gesetzgebung, die sich übrigens auf die unschuldig Verhafteten nicht mit bezogen, Nachahmung in der Legislatur der übrigen deutschen Staaten nicht gefunden. Namentlich enthielt auch die Preußische Kriminalordnung einer der eingangs erwähnten Ordre Friedrich des Großen entsprechende Bestimmung in keiner Weise.

---

[1] Derselbe lautete: „Im Falle der Freisprechung oder der Zurücknahme der Anklage ist für die erlittene Untersuchungshaft eine angemessene Entschädigung zu leisten, es sei denn, daß der Angeklagte durch sein Verschulden während des Verfahrens die Untersuchungshaft oder die Verlängerung derselben verursacht hat.“

[2] Die dort aufgestellten Thesen lauteten:

1. Zur Entscheidung über den Anspruch sind die Gerichte auf Grund einer öffentlichen kontradiktorischen Verhandlung berufen.

2. Der Anspruchsberechtigte ist nicht verpflichtet, vor Betretung des Rechtsweges eine verwaltungsbehördliche Vorentscheidung herbeizuführen (vgl. dagegen § 5 Abs. 2 des Ges. von 1898, § 6 Abs. 2 unseres Gesetzes).

3. Die Entscheidung über den Anspruch erfolgt durch das Strafgericht im tunlichsten Anschluß an das Wiederaufnahmeverfahren (dagegen die dritten Absätze der zitierten Paragraphen).

Im Einzelnen vgl. die Abhandlung selbst.

Aber auch die Reichs-Strafprozeßordnung vom 1. Februar 1877 unterließ es, die nun bereits seit so langer Zeit die Gemüter beschäftigenden Fragen zu irgend welcher Entscheidung zu bringen. Freilich war ja gerade zu jener Zeit die wissenschaftliche Durchdringung des Stoffes noch keineswegs abgeschlossen und konnte darum ein gesetzgeberisches Vorgehen noch nicht ratsam erscheinen.[1] Nachdem aber einmal der Juristentag eine endgültige Meinung abgegeben hatte, die gesetzgeberische Materie also als fundiert gelten durfte, hat der Reichstag fast in jeder Session sich mit der Entschädigungsfrage in beiderlei Gestalt auf das eingehendste beschäftigt. Die erste Anregung gab im Jahre 1882 der Abgeordnete Frohme mit einem entsprechenden Antrage an den Reichskanzler: dieser Antrag kam jedoch wegen des Schlusses der Session nicht mehr zur Beratung. Nach Eröffnung der neuen Session — im Jahre 1882 — brachten die Abgeordneten Dr. Phillips und Lenzmann einen „Gesetzentwurf zur Ergänzung der Strafprozeßordnung“ ein, welcher eine obligatorische Entschädigungspflicht für unschuldig Verurteilte, eine fakultative für unschuldig Verhaftete vorsah. Dieser Antrag wurde nach vorheriger erster Beratung im Plenum einer Kommission überwiesen, welche sich im April 1883 (vgl. den ausführlichen Bericht des Abgeordneten v. Schwarze[2]) für die Entschädigung sowohl der unschuldig Verhafteten wie der unschuldig Verurteilten in bestimmten Grenzen aussprach und damit die von der Wissenschaft fast allgemein vorgenommene theoretische Gleichstellung beider Fragen auch bezüglich der praktischen Gesetzgebung zur Anwendung gelangen ließ. Indes kam jener Kommissionsentwurf im Reichstage nicht zur Beratung; als er später wiederholt als Initiativantrag beim Bundesrat eingebracht wurde, versagte ihm der letztere seine Zustimmung. — Infolgedessen sah sich der Abgeordnete Lenzmann in der zweiten Session der sechsten Legislaturperiode (1885/1886) zur Wiederholung seines Antrages veranlaßt, worauf wiederum die Einsetzung einer Kommission erfolgte,

[1] Gerade in den Jahren 1874 und 1875 ging ja der Juristentag ergebnislos auseinander.

[2] Drucksachen des Reichstages 1882, Nr. 267.

in deren Namen der Abgeordnete Spahn später Bericht erstattete.[1] Diese Kommission entschied sich, im Gegensatze zu derjenigen von 1882/1883 lediglich für eine Entschädigung unschuldig Verurteilter — weniger aus theoretischen Rücksichten, als weil sie glaubte, durch Abtrennung der Entschädigung unschuldig Verhafteter und die daraus sich ergebende Vereinfachung der Frage um so sicherer zur Befriedigung wenigstens eines Teiles ihrer Wünsche zu gelangen. Jedoch auch diesmal versagte der Bundesrat dem Antrage seine Zustimmung, obwohl die Annahme des letzteren im Plenum des Reichstages fast einstimmig erfolgt war. In seinem ablehnenden Beschlusse hob der Bundesrat hervor, daß er theoretisch den Standpunkt des Reichstages teile, gleichwohl aber befürchte, daß nicht nur die wirklich Unschuldigen, sondern auch Personen, die wegen mangelnden Beweises ihre Freisprechung erreichten, einer Entschädigung teilhaftig werden würden, ein Ergebnis, das im Interesse einer gesunden Rechtspflege durchaus zu vermeiden sei. Es wurde aber das Vertrauen ausgesprochen, daß für besonders eklatante Fälle in den einzelnen Bundesstaaten ausreichende Mittel zur Entschädigung Unschuldiger bereit gehalten werden würden.

Von diesem seinem prinzipiell ablehnenden Standpunkte ist der Bundesrat erst im Jahre 1895 abgewichen[2], und zwar auch hier zunächst nur bezüglich der Frage der Entschädigung unschuldig Bestrafter. Der äußere Anlaß zu diesem Umschwung war wohl das Vorgehen Österreichs auf diesem Gebiete in dem bereits oben erwähnten Gesetze vom 16. März 1892. In dem am 13. Dezember 1895 dem Reichstage vorgelegten „Entwurfe eines Gesetzes, betreffend Änderungen und Ergänzungen des Gerichtsverfassungsgesetzes und der Strafprozeßordnung“ fanden sich als Zusatzparagraphen zu § 413 Str.P.O. eine Reihe von Bestimmungen (§§ 413b bis 413f), welche eine Entschädigung für unschuldig Bestrafte vorsahen; gleichzeitig wurde jedoch in Verfolgung des

[1] Drucksachen des Reichstages 1885/1886, Nr. 155.

[2] Auch der in der Session 1887/1888 im Reichstage angenommene Antrag Munkel wurde vom Bundesrat abgelehnt. Der Antrag Munkel-Lerche vom Jahre 1889 und derjenige des Abg. Rintelen von 1892 gelangten im Reichstage überhaupt nicht zur Erledigung.

Bestrebens, nur Unschuldigen eine Entschädigung zukommen zu lassen, § 399 Nr. 5 Str.P.O. dahin geändert, daß die Wiederaufnahme nur zulässig sein sollte, wenn neue Tatsachen und Beweismittel, aus denen sich die Unschuld des Verurteilten ergäbe, beigebracht würden. Namentlich mit Rücksicht auf diese Änderung scheiterte die gesamte Vorlage.

Aber die Frage drängte nunmehr zur endlichen Erledigung. Nachdem der Versuch, zu einer Lösung des Problems durch Änderung grundlegender Bestimmungen der Strafprozeßordnung zu gelangen, mißlungen war, beschloß der Bundesrat im Jahre 1897, das Gebiet durch Einzelgesetzgebung auf der Grundlage der Strafprozeßordnung zu regeln. Unter Vermeidung jeglicher Änderungen dieses Gesetzes erging daher zunächst das vorerwähnte Gesetz vom 20. Mai 1898 „betreffend die Entschädigung der im Wiederaufnahmeverfahren freigesprochenen Personen", zu welchem jedoch gleichzeitig im Reichstage eine Resolution angenommen wurde, die auch die Entschädigung unschuldig Verhafteter forderte.[1] Nachdem diese Resolution am 23. Februar 1899 und am 21. März 1901, und zwar zuletzt in Gestalt eines „dringenden Ersuchens", wiederholt worden war, legte der Reichskanzler unter dem 28. Januar 1904 dem Reichstag den „Entwurf eines Gesetzes, betreffend die Entschädigung für unschuldig erlittene Untersuchungshaft" zur verfassungsmäßigen Beschlußnahme vor.[2] Derselbe wurde nach einer zwei Tage in Anspruch nehmenden ersten Lesung im Plenum — am 3. und 4. Februar 1904 —[3] der aus 14 Mitgliedern bestehenden VII. Kommission zur Vorberatung überwiesen, welche unter dem Vorsitz des Abgeordneten Himburg zwei Lesungen des Gesetzentwurfes vornahm und das Ergebnis in einem von dem Abgeordneten Burlage verfaßten Berichte niederlegte.[4] Die zweite Beratung[5] im Plenum fand sodann am 4. und 5. Mai 1904, die dritte[6] am 13. Mai 1904

[1] Drucksachen des Reichstages 1897/1898, Bd. 3 Nr. 119 S. 14, 15.
[2] Drucksachen des Reichstages 1903/1904, Nr. 202.
[3] 23. und 24. Sitzung. Stenogr. Ber. S. 644 ff., 667 ff.
[4] Drucksachen des Reichstages 1903/1904, Nr. 370.
[5] 83. und 84. Sitzung. Stenogr. Ber. S. 2661 ff., 2681 ff.
[6] 90. Sitzung. Stenogr. Ber. S. 2888 ff.

statt. Der Bundesrat trat der teilweise veränderten Fassung des Gesetzes am 23. Juni 1904 bei. Nachdem es sodann am 14. Juli vom Kaiser ausgefertigt war, wurde es am 29. Juli im Reichsgesetzblatte[1] verkündigt.

Der Entwurf ist zum Teil den heftigsten Angriffen ausgesetzt, auch im Laufe der Entwicklung starken Schwankungen in Bezug auf die Entscheidung grundlegender Fragen unterworfen gewesen. Nachdrücklicher, als es für gewöhnlich der Fall zu sein pflegt, haben sich im Plenum und in der Kommission die Parteigegensätze geltend gemacht; weitgehende, zum Teil den Rahmen des Entwurfs überschreitende Forderungen sind aufgestellt worden; leider aber ist auch manch berechtigtes Verlangen an dem Widerstande der verbündeten Regierungen gescheitert, zumal diese namentlich in Fragen grundlegender Natur mit außerordentlicher Starrheit an dem einmal eingenommenen Standpunkte festhielten. Aus alledem erscheint das Gesetz von den Beratungen im Parlamente nur unwesentlich beeinflußt und ist daher den Regierungen der Vorwurf nicht ganz zu ersparen, daß sie infolge ihres geringen Entgegenkommens manche wirkliche Verbesserung des Entwurfes verhindert und so bewirkt haben, daß dem Gesetze eine Reihe schwerwiegender Mängel des Entwurfes ohne große Not verblieben sind. So sehr man sonst das Gesetz als kulturellen Fortschritt begrüßen mag, dieser Umstand ist namentlich mit Rücksicht darauf, daß die Gesetzgebung Deutschlands allmählich in der Welt vorbildlich zu werden beginnt, auf das tiefste zu beklagen.

Gegenstand dieser Abhandlung ist eine Besprechung des Gesetzes im systematisch-kritischen Sinne. Es wird daher ihre Aufgabe sein, auch jene Schattenseiten an gegebener Stelle mit zu erörtern. Schwerer als alle diese wiegt ja ohnehin der Fortschritt, den das Deutsche Reich mit der gesetzlichen Festlegung eines Entschädigungsanspruches überhaupt in seiner kulturellen Entwicklung gemacht hat.

Die beiden Fragen der Entschädigung unschuldig Verurteilter und Verhafteter sind in Deutschland in zwei getrennten Gesetzen

---

[1] R.G.Bl. S. 321.

entschieden. Gleichwohl haben bezüglich beider die gleichen Grundsätze obgewaltet[1] und ist namentlich bezüglich der Fassung das Gesetz von 1898 für unser Gesetz vorbildlich gewesen. Es wird daher, so oft es erforderlich erscheint, das Gesetz betreffend die Entschädigung der im Wiederaufnahmeverfahren freigesprochenen Personen mit zur Erläuterung herangezogen werden, wenngleich sich die nachfolgenden Erörterungen in der Hauptsache nur mit dem Gesetz von 1904 beschäftigen sollen.[2]

Die beiden Gesetze sind ihrem innersten Wesen nach strafprozessualen Charakters. Denn beide sind völlig in den Rahmen des Strafverfahrens hineingefügt und haben in einem solchen ihre Grundlage: auch ist von dem Augenblicke an, wo die Gesetzgebung sich mit diesen Fragen praktisch befaßte, hervorgehoben worden, daß es sich um eine Verbesserung des Strafverfahrens handele. Endlich stimmt das Gesetz von 1898 im wesentlichen mit der Regierungsvorlage von 1895 „betreffend Änderungen und Ergänzungen des Gerichtsverfassungsgesetzes und der Strafprozeßordnung" überein und haben die Vorschriften über die Entschädigung militärgerichtlich Verurteilter in der Militärstrafgerichtsordnung ihren Platz gefunden.[3] Daß die Bestimmungen beider Gesetze nicht in die Strafprozeßordnung selbst mit aufgenommen worden sind, beruht, wie bereits oben angedeutet[4], lediglich darauf, daß eine Änderung der Strafprozeßordnung vor ihrer — jetzt bereits begonnenen — allgemeinen Reform durchaus vermieden werden sollte. Aus alledem folgt, daß unser Gesetz wie das vorangehende von 1898, als Ergänzung zur Strafprozeßordnung, welche völlig unberührt bleibt[5], anzusehen ist und daher die gesetzestechnischen Begriffe

---

[1] Die Gesetzgebung ist also im Grunde der deutschen Wissenschaft gefolgt, welche zumeist beide Gebiete nach den gleichen Grundsätzen behandelte. Vgl. S. 4 dieser Abhandlung.

[2] Bezügl. des Ges. von 1898 vgl. z. B. S. 51, 72, 84, 110, 118.

[3] Den strafprozessualen Charakter betonen auch Lessing zu 1898 S. 55 und Romen zu § 11 Note 5, sowie die Kommentare von Loewe und Mamroth im Komm. zur Str.P.O.

[4] S. 10 dieser Abhandlung.

[5] Daß das strafprozessuale Verfahren mittelbar durch das Gesetz beeinflußt wird, darüber vgl. besonders § 20 dieser Abhandlung.

desselben, soweit sie dem Strafverfahren überhaupt angehören[1], aus der Strafprozeßordnung heraus zu erklären sind.[2]

Gleichwohl steht nicht ohne weiteres fest, daß unsere Gesetze eine Reform des gesamten Strafprozesses überdauern werden. Zwar scheint der Umstand, daß die in denselben behandelten Materien eine Sonderregelung erfahren haben, für die erwähnte Annahme zu sprechen: immerhin darf aber die in der Reichstagssitzung vom 4. Mai 1904[3] von dem Staatssekretär des Reichsjustizamtes abgegebene Erklärung, die verbündeten Regierungen ständen der weiteren Ausgestaltung der in den Gesetzen niedergelegten Grundgedanken wohlwollend gegenüber, sowie der Umstand, daß die Beratungen der zur Vorbereitung einer neuen Strafprozeßordnung niedergesetzten Kommission im kommenden Winter, wie man hört, sich auch auf die Entschädigungsfragen mit erstrecken werden, als ein gewichtiger Beweis für das Gegenteil angesehen werden. Eine derartige Neugestaltung des gesetzgeberischen Stoffes wäre aber im Hinblick auf die beiden Gesetzen anhaftenden Mängel auf das freudigste zu begrüßen.[4] [5]

§ 2.

Theoretische Grundlagen des Entschädigungsanspruches.

Die wesentlichste Errungenschaft, welche mit der Erlassung unseres Gesetzes für Deutschland erreicht worden ist, ist zweifellos diese: der Verhaftete hat durch dasselbe unter bestimmten Voraussetzungen ein Recht, und zwar ein gerichtlich verfolgbares Recht auf Entschädigung für die unschuldig erlittene Untersuchungshaft erlangt.

---

[1] Der Begriff der „Unschuld“ in § 1 des Ges. ist z. B. dem Strafverfahren fremd. Vgl. darüber insbesondere § 8 dieser Abh. (hauptsächlich S. 47 ff).

[2] Vgl. auch Löwe, Vorbem. zu dem Ges. von 1898 auf S. 1007 Note 2. — Die Beziehungen, die das Gesetz mit anderen Reichsgesetzen verbindet, sollen unten an den einzelnen Stellen noch näher dargestellt werden. Vgl. hierzu bezüglich des B.G.B. § 14, bezüglich des Ges. von 1898 § 24 dieser Abhandl.

[3] Stenogr. Ber. S. 2671.

[4] Über Vorschläge de lege ferenda vgl. die Abhandl. selbst.

[5] Zur Geschichte des Gesetzes vgl. noch die Ausführungen von Ritter, Romen, Berolzheimer, Fleischmann i. d. Kr.V.J.Schr. Bd. 25 S. 272 ff.

Ein solches Recht besaß der Verhaftete bisher nur im Falle unrechtmäßiger Verhaftung infolge Verschuldens des inhaftierenden Beamten, wie unten noch des Näheren zu zeigen sein wird[1]; in allen übrigen Fällen, also namentlich, wenn die Verhaftung in aller Form Rechtens und auf völlig gesetzmäßiger Grundlage vor sich gegangen war, blieb er lediglich auf den Weg der Gnade angewiesen, welcher wohl nicht allzu häufig beschritten worden sein mag. Das Gesetz vom 14. Juli 1904 hat diesem Übelstande — allerdings unter weitgehenden Beschränkungen — abgeholfen und nunmehr auch den unschuldig Verhafteten der zweiten Kategorie einen Rechtsanspruch auf Ersatz des ihnen durch die Untersuchungshaft entstandenen Schadens zugebilligt.

Unter den Männern der Wissenschaft, die sich vor dem Entstehen unserer Gesetze mit der Entschädigungsfrage befaßt haben, herrschte, soweit sie sich überhaupt für Erlassung von Entschädigungsvorschriften aussprachen, unausgeglichener Streit darüber, ob die Entschädigung eine Rechtspflicht des Staates sei oder ob sie lediglich aus Billigkeitsrücksichten zu erfolgen habe. Die Anhänger der letzten Theorie verneinten eine solche Rechtspflicht des Staates, verlangten aber eine Entschädigung aus einer Erwägung des allgemeinen Mitleids mit Personen, die infolge eines besonders bedauerlichen falschen Anscheins zu Schaden gekommen sind[2]; die Vertreter der Theorie von der „Rechtspflicht" waren dagegen der Anschauung, daß eine aus dem System des Rechtes herzuleitende Verpflichtung bereits bestehe und lediglich gesetzlich anerkannt bezw. näher geregelt werden müsse.[3] [4]

---

[1] Vgl. § 3 dieser Abhandlung.

[2] So Köhler, G.Saal Bd. 64 S. 345.

[3] Vgl. Fleischmann, Kr.V.J.Schr. Bd. 25 S. 275.

[4] Für Rechtspflicht: v. Liszt, Pol.Woch.Schr. 1882, Nr. 29; Geyer, G.Saal Bd. 34 S. 327; Zucker S. 139 ff. und 12. J.T. Bd. 2 S. 147 ff.; Wahlberg, 11. J.T. Bd. 1 S. 42 ff. und viele andere. Für Billigkeit: v. Schwarze, G.Saal Bd. 34 S. 127 ff.; Ullmann, G.Saal Bd. 27 S. 86 f., S. 389 f., 11. J.T. Bd. 1 S. 89 f. u. a.; neuerdings auch Köhler, G.Saal Bd. 64 S. 345; Hamm, D.J.Z. 1904 S. 179; Birkmeyer in den Münchener Neuesten Nachrichten 1904 Nr. 167.

Aber auch unter den Schriftstellern, die sich für eine solche Rechtspflicht ausgesprochen haben, waren die Ansichten darüber geteilt, auf welcher Grundlage jene Rechtspflicht theoretisch aufzubauen sei. Eine gewisse Einhelligkeit der Meinungen bestand nur bezüglich der Ausgangspunkte: einerseits war man der Ansicht, daß bei der Betrachtung die oben genannten Fälle auszuscheiden seien, in denen sich die Freiheitsentziehung als eine unerlaubte Handlung (des Straf- oder wenigstens des Civilrechtes) darstelle, weil hier die Frage nach der Grundlage des Anspruches bereits entschieden sei; andererseits aber wollte man eine Entschädigung generell dann versagen, wenn eine gewisse Schuld des Angeklagten bezüglich der Herbeiführung seiner Verhaftung vorliege (der Umfang dieser Schuld war gleichfalls bestritten). Innerhalb der so gesteckten Grenzen bildeten sich nun im wesentlichen folgende Theorien[1]:

1. Man hat eine Rechtspflicht zur Entschädigung aus einer dem Expropriierenden obliegenden Ersatzpflicht abzuleiten versucht. Dabei ward folgendermaßen argumentiert: Wenn die staatliche Entschädigungspflicht schon bei einem bloßen Eingriffe in die Privatrechtssphäre des einzelnen, bei bloßer Entziehung des Eigentums bestehe, um wie viel mehr müsse bei Eingriffen in die wichtigsten Rechte des Menschen — Recht auf Freiheit, Recht auf körperliche Integrität — eine Entschädigung Platz greifen.[2]

---

[1] Vgl. auch die Zusammenstellung bei BEROLZHEIMER S. 15 ff.

[2] So namentlich GEYER, Zeit- und Streitfr. S. 26; ZUCKER S. 138 f.; WAHLBERG, 11. J.T. Bd. 1, S. 44. Die Vertreter der Billigkeitstheorie verneinen die Zulässigkeit einer solchen Analogie, da durchgreifende Verschiedenheiten zwischen dem staatlichen Anspruch auf zwangsweise Inanspruchnahme fremden Vermögens und dem staatlichen Eingriff in die Betätigung der Handlungsfreiheit vorhanden seien. Denn im ersteren Falle erlange der Staat das von ihm erstrebte tauschwerte Gut selbst und zwar in der Regel für unbegrenzte Zeit, im letzteren Falle erlange der Staat die von ihm erstrebte Sicherung des Prozeßgegenstandes, die keinen Vermögens- oder Tauschwert habe, nur für die vorübergehende Dauer des Prozesses. Zudem entschädige der Staat durchaus nicht alle persönlichen Opfer, die er von seinen Untertanen verlange (vgl. Wehrpflicht, Steuerpflicht, Entschädigung des Vormundes eines vermögenslosen Mündels für seine Mühewaltung — vgl. § 1836 B.G.B., insbesondere Abs. 1 Satz 3 das.). So neben vielen im wesentlichen übereinstimmend neuerdings KÖHLER, G.Saal Bd. 64 S. 340 f.

2. Die staatlich anerkannte Entschädigungspflicht gegenüber Zeugen und Sachverständigen ist als Beweis für die staatliche Entschädigungspflicht auch gegenüber unschuldig Inhaftierten herangezogen worden. Wenn der Staat, so wurde argumentiert, jenen Personen, die doch nur eine allgemeine Staatsbürgerpflicht erfüllten, gleichwohl eine Entschädigung für den ihnen durch Erfüllung jener Pflicht erwachsenen Schaden zuteil werden lasse, so müsse er folgerichtig auch für unschuldig erlittene Untersuchungshaft Ersatz gewähren, welche den Staatsbürger ohnehin weit schwerer treffe.[1]

3. Auch aus dem Reichshaftpflichtgesetz vom 7. Juni 1871 ist eine Entschädigungspflicht für unschuldig erlittene Untersuchungshaft gefolgert worden; wie dort der Unternehmer für Unglücksfälle, welche seine Arbeiter beträfen, aufkommen müsse, so bestehe für den Staat die Verpflichtung, dem Unschuldigen für das Unglück der Untersuchungshaft und die sich daraus ergebenden Folgen Ersatz zu leisten.[2]

---

[1] Z. B. Wahlberg, 11. J.T. Bd. 1 S. 43. Von den Anhängern der Billigkeitstheorie ist z. B. eingewendet worden: Wenn man diese Abwälzung der Kosten von den streitenden Parteien auf unbeteiligte Dritte nicht für berechtigt ansieht, braucht man deshalb noch lange nicht anzunehmen, daß ebenso der einen streitenden Partei selbst von der anderen alle Nachteile auch dann zu ersetzen sind, wenn die eine Partei bei ihrem Handeln (der Geltendmachung des Strafanspruches und dem Betreiben der Verhaftung) nicht die freie Wahl hatte, sondern dazu im Interesse der gesellschaftlichen Sicherheit durch die Gebote des Legalitätsprinzipes und des Offizialprinzipes nach Maßgabe des materiellen Strafrechtes und der Prozeßordnung verpflichtet war. So Köhler a. a. O. S. 343. Gegen die Argumentation des Textes übrigens auch v. Bar, Deutsche Revue VII 12 S. 358.

[2] Dieser Ansicht sind Geyer, Zeit- und Streitfr. S. 26 f.; Kronecker S. 18. Die Anhänger der Billigkeitstheorie stellen die Zulässigkeit auch dieser Analogie in Abrede. Die neuesten Betrachtungen von Köhler (a. a. O. S. 344 Anm. 1) führen hierzu aus: Zunächst gehöre die Auferlegung einer von der Verschuldung absehenden Haftung im heutigen Rechte noch zu den Ausnahmen. Rechtssingularitäten seien auch im allgemeinen zu analoger Anwendung überhaupt nicht heranziehbar. Zudem bleibe es ein Unding, die staatliche Strafrechtspflege als eine Art von gewerblichem Unternehmen hinzustellen, bei welchen die meist auf einer Überlegung der Sachlage beruhenden Verhaftungen als eine Betriebsgefahr figurieren würden, welche ihrer Größe nach im Einzelfalle nicht zu ermessen sei. Vgl. auch Ullmann Beilage zur Allgem. Zeitg. 1904 Nr. 62 S. 490 f.

4. Weiter ist die rechtliche Verpflichtung des Staates auf dem Satze aufgebaut worden, daß der Staat für den Irrtum seines Richters einzustehen habe. Denn um einen „Irrtum", einen „Mißgriff" des inhaftierenden Beamten handele es sich in allen den Fällen, wo sich im Laufe des Strafverfahrens die Unschuld des Verhafteten herausstelle (sog. Justizirrtum).[1]

5. Von anderer Seite wieder ist versucht worden, eine Entschädigungsverpflichtung des Staates aus einer von Staats wegen einzurichtenden gegenseitigen Zwangsversicherung der Staatsangehörigen gegen unschuldig zu erduldende Haft herzuleiten.[2] GEYER[3] bemerkt hierzu, „der Gedanke habe etwas sehr plausibeles, daß alle Steuerzahler gleichsam eine kleine Versicherungsprämie zahlten für den Fall, daß ein Staatsbürger das Opfer eines Irrtums der Strafgerichte würde". Als Prämien würden bei dieser Versicherung die Quoten anzusehen sein, welche von dem einzelnen durch direkte oder indirekte Steuerzahlung zu der für die Entschädigung notwendigen Gesamtsumme beigetragen würden.[4]

6. Vereinzelt ist noch auf eine Inkonsequenz hingewiesen worden, welche in der Anrechnung der Untersuchungshaft auf die Strafe des Schuldigen gegenüber der Nichtentschädigung des verhafteten Unschuldigen gelegen sein würde; auch daraus hat man versucht, eine Rechtspflicht des Staates zur Entschädigung herzuleiten.[5]

Die Anhänger der Billigkeitstheorie heben hervor, daß

---

[1] So JACQUES, 13. J.T. Bd. 2 S. 274; GEYER, G.Saal Bd. 34 S. 234 f. Die Anhänger der Billigkeitstheorie führen dagegen aus, daß der Irrtum des Richters nur in seltenen Fällen zur Verhaftung Anlaß gegeben habe. Denn die Verhaftung geschehe nicht, weil der Untersuchungsrichter von der Schuld des Verhafteten überzeugt sei, sondern weil dringende Verdachtsgründe vorlägen. Die Verdachtsgründe habe der Haftrichter richtig beurteilt; die Schuldfrage habe seiner Kognition gar nicht unterstanden. Die Existenz des Verdachtes zur Zeit der Verhaftung werde durch die spätere Freisprechung nicht widerlegt. So v. SCHWARZE, G.Saal Bd. 34 S. 100 ff.

[2] HEINZE, Untersuchungshaft S. 30.

[3] Zeit- und Streitfragen S. 23.

[4] BEROLZHEIMER S. 26.

[5] Vgl. HEINZE, Untersuchungshaft S. 17 f.; GEYER, Zeit- und Streitfr. S. 27; v. SCHWARZE, G.Saal Bd. 34 S. 108 ff.; NISSEN, 12. J.T. Bd. 1 S. 55.

für den Unschuldigen der Eintritt von Haftgründen, welche er nicht verschuldet habe, die aber gleichwohl zur Freiheitsentziehung und möglicherweise Vermögenseinbuße geführt hätten, bezüglich jener Schäden casus sei; zwar bedeute jene Verhaftung auch für den Staat gewissermaßen einen casus, da infolge der Durchführung der Haft Kosten entstünden, welche im Falle der Nichtverurteilung (abgesehen von den §§ 501, 504 Str.P.O.) auf dem Staate liegen blieben; gleichwohl aber sei es in einem Staatswesen mit reicheren finanziellen Mitteln als ein soziales Bedürfnis anzusehen, daß der Staat aus einer Erwägung des allgemeinen Mitleids heraus dem Verhafteten jene Nachteile ersetze, zumal er ihm und seiner persönlichen Ehre zu nahe getreten sei und dafür eine Genugtuung billig erscheine.[1]

Indessen haben bei dem bestehenden Rechtszustande alle diese Theorien im wesentlichen ihre grundsätzliche Bedeutung verloren. Dies gilt in erster Linie von der Frage, ob eine bereits früher vorhandene Rechtspflicht oder reine Billigkeitsrücksichten als Grundlage unseres Gesetzes anzusehen sind; denn ganz abgesehen davon, daß für ein erst zu erlassendes Gesetz nur mit großer Vorsicht von Rechtsgründen gesprochen werden darf, weil diese ihre unterste Basis strenggenommen nur in dem schon bestehenden (Gesetzes- oder Gewohnheits-) Rechte haben, und daß, wenn die Billigkeit ein Gesetz diktiert, diese erst zum Rechte sich steigert[2], kann es für das jetzige Recht gleichgültig erscheinen, ob der Staat die rechtliche Verpflichtung zur Entschädigung aus Billigkeitsrücksichten oder weil er sich bereits vorher dazu verpflichtet glaubte, ausgesprochen hat. — Damit verlieren aber auch die übrigen Theorieen im Großen und Ganzen ihre frühere Bedeutung; wenn früher aus ihnen eine Rechts- oder Billigkeitspflicht des Staates hergeleitet und damit

---

[1] So neuerdings Köhler a. a. O. S. 344 f. Bezüglich der übrigen Anhänger dieser Theorie vgl. die oben S. 14 Anm. 4 angeführten Citate. — Die Vertreter der Billigkeitstheorie gehen selbstverständlich gleichfalls davon aus, daß nur bei casus des Verhafteten bezüglich der Verhaftung eine Entschädigung zugebilligt werden könne. Denn bei Verschulden des Inhaftierten wäre es eben unbillig, Entschädigung zu gewähren.

[2] So Fleischmann, Kr.V.J.Schr. Bd. 25 S. 275.

ein Tätigwerden der Gesetzgebung herbeigeführt werden sollte, so haben sie heute lediglich historischen Wert und können allenfalls zu interessanten Vergleichungen unserer Materie mit anderen Rechtsgebieten herangezogen werden. Da sich die vorliegende Abhandlung hauptsächlich mit dem geltenden Rechte befassen soll, kann sich ein näheres Eingehen auf den Inhalt jener Theorieen aus alledem wohl erübrigen.[1]

§ 3.

Entschädigung bei widerrechtlicher Freiheitsentziehung.

Bei der allgemeinen Besprechung der Bedeutung unseres Gesetzes wurde oben[2] darauf hingewiesen, daß der Zweck des letzteren vor allem der sei, Personen Entschädigung zu gewähren, die in aller Form Rechtens und auf völlig gesetzmäßiger Grundlage verhaftet worden seien; es wurde aber gleichzeitig bemerkt, daß ein solches Entschädigungsrecht für den Verhafteten bisher bereits im Falle unrechtmäßiger Verhaftung infolge Verschuldens des inhaftierenden Beamten bestanden habe. Dieses Recht ist, bevor wir zur Besprechung des Gesetzes im einzelnen selbst übergehen, an dieser Stelle noch einer kurzen Betrachtung zu unterziehen.

Ein Fundamentalsatz des deutschen Staatsrechtes ist, daß dem Staatsbürger das Recht der persönlichen Freiheit gewährleistet wird. Dieser Satz gilt zweifellos auch da, wo ihn eine Landesverfassung nicht ausdrücklich ausspricht.[3] Eine Beschränkung oder Entziehung jenes Rechtsgutes ist also nur insoweit zulässig, als besondere, mit dem Wortlaut oder dem Sinn der Verfassungen oder, in Ermangelung dieser, mit dem obigen Grundsatz in Einklang zu bringende Vorschriften bestehen, welche eine solche Antastung der Freiheit unter bestimmten Voraussetzungen gestatten. Jede sonstige Verkümmerung dieses Rechts-

---

[1] Vgl. die Literatur selbst bezüglich dieser Fragen.

[2] Vgl. S. 14, 15 dieser Abhandlung.

[3] Die Reichsverfassung giebt keine besondere Vorschrift; der obige Satz liegt jedoch gleichwohl im Sinne derselben.

gutes ist widerrechtlich und zieht, gleichviel ob die Freiheitsberaubung als eine strafbare Handlung im Sinne des Strafgesetzbuches sich darstellt oder nicht, die zivilrechtliche Haftung des Täters aus § 823 B.G.B.s nach sich, vorausgesetzt nur, daß diesen ein Verschulden trifft. Nach § 823 hat aber jeder, dessen Freiheit vorsätzlich oder fahrlässig von einem Dritten widerrechtlich verletzt wird, einen Anspruch auf Ersatz des ihm durch diese Freiheitsverletzung entstandenen Schadens in dem aus §§ 249 ff., 842, 845, 846, 847 B.G.B.s sich ergebenden Umfange.

Besondere Vorschriften gelten, wenn ein Beamter in Ausübung seines Amtes sich einer widerrechtlichen Freiheitsentziehung schuldig macht. Hierher gehören im Rahmen unserer Betrachtung vor allem die Fälle, in denen der Richter, obwohl er die Haftvoraussetzungen der §§ 112, 113 Str.P.O. nicht für vorliegend erachtet, gleichwohl die Untersuchungshaft über den Beschuldigten verhängt oder aber es vorsätzlich oder fahrlässig unterläßt, den Haftbefehl gemäß §§ 123, 126 a. a. O. wieder aufzuheben. Auch die Nichtentlassung eines Verhafteten durch den Gefängnisbeamten trotz Aufhebung des Haftbefehles ist hierher zu rechnen. — In allen diesen Fällen verstößt der Beamte in schuldhafter Weise gegen die zum Schutze des Staatsbürgers gegebenen Vorschriften der Strafprozeßordnung über die Zulässigkeit und Fortsetzung der Untersuchungshaft und verletzt damit die ihm einem Dritten gegenüber obliegende Amtspflicht (§§ 823 Abs. 2, 839 B.G.B.s).[1] Er haftet daher gemäß § 839 B.G.B.s[2] in dem oben erwähnten Umfange, jedoch unter der Einschränkung des Abs. 3 daselbst[3]; dabei kommt es, wie Köhler[4] richtig bemerkt, nicht darauf an, ob der rechtswidrig Verhaftete ein Delikt begangen hat oder nicht. Landesrechtlich kann diese Haftung des Beamten von dem Staat übernommen werden (Art. 77 E.G. zum B.G.B.).

Es bleibt endlich noch zu erörtern, in welchen Beziehungen

---

[1] Diesen Zusammenhang zwischen §§ 823 Abs. 2 und 839 betont besonders Planck zu § 839 Note 1 Abs. 2.

[2] Die Mitglieder eines Kollegialgerichtes als Gesamtschuldner (§ 840 das.).

[3] Nicht aber der Einschränkung des Abs. 2; denn der Haftbefehl ist kein Urteil. So richtig Romen zu § 7 Note 3b und die dort Citierten.

[4] G.Saal Bd. 64 S. 338.

diese Vorschriften des Bürgerlichen Gesetzbuches zu den Bestimmungen unseres Gesetzes stehen. Hier gelten folgende Sätze:

Der Verhaftete hat die Wahl, ob er den von unserem Gesetze vorgeschriebenen Weg beschreiten oder den schuldigen Beamten im Civilverfahren belangen will. Denn einerseits umfaßt § 1 des Gesetzes alle möglichen Fälle unschuldig erlittener Untersuchungshaft, also auch den widerrechtlicher Freiheitsentziehung, da sonst eine Ausnahmebestimmung getroffen sein müßte, auch § 7 Abs. 2 des Gesetzes vorschreibt, daß der Staat, der nach §§ 4 ff. a. a. O. belangt worden ist, an dem rechtswidrig verhaftenden Beamten Regreß nehmen kann. Andererseits braucht man den Weg unseres Gesetzes nicht einzuschlagen; denn letzteres kann und will Vorschriften des Bürgerlichen Gesetzbuches in keiner Weise antasten. Hat der Verhaftete sonach die Wahl zwischen den beiden genannten Verfahrensarten, so steht ihm die Beschreitung des Zivilrechtsweges selbst dann noch zu, wenn er Entschädigungsansprüche bereits in dem Verfahren unseres Gesetzes geltend gemacht hat[1]; dies ergibt sich aus § 7 Abs. 2 a. a. O., wonach der Staat lediglich bis zum Betrage der geleisteten Entschädigung in die Rechte eintritt, welche dem Verhafteten gegen den rechtswidrig verhaftenden Beamten zustehen, worin also ausgesprochen wird, daß der Verhaftete außer der geleisteten Entschädigung noch Ansprüche besitze. Praktisch wird diese Frage namentlich durch den Umstand, daß der in § 1 unseres Gesetzes begründete Anspruch lediglich auf Ersatz des Vermögensschadens beschränkt ist (§ 3 a. a. O.), nach §§ 839, 823, 847 B.G.B.s aber Entschädigung auch für den sogenannten immateriellen Schaden verlangt werden kann.[2] [3]

---

[1] Dies ist im allgemeinen ausgeschlossen; vgl. § 23 dieser Abhandlung a. E.

[2] Vgl. darüber auch §§ 15, 23 dieser Abhandl.

[3] Auch durch diese Ausdehnung unseres Gesetzes auf widerrechtliche Freiheitsentziehungen verlieren eine Reihe der in § 2 aufgeführten Theorieen für unser Gesetz ihre allgemeine Bedeutung.

Zweiter Abschnitt.

Voraussetzungen des Entschädigungsanspruches.

§ 4.

Zum Begriffe der „Untersuchungshaft".

Das Gesetz will unter bestimmten Voraussetzungen Entschädigung für „unschuldig erlittene Untersuchungshaft" gewähren. Es bedarf zunächst einer kurzen Besprechung dieses Begriffes.

Nach den Ausführungen am Schlusse des ersten Paragraphen dieser Abhandlung ist der Begriff der „Untersuchungshaft" aus der Strafprozeßordnung heraus zu erklären. Danach aber ist „Untersuchungshaft" jede auf der Grundlage eines richterlichen Haftbefehles vorgenommene Festhaltung eines Verdächtigen zur Sicherung eines Strafverfahrens; der Begriff umfaßt also nicht nur die Haft nach Erhebung der öffentlichen Klage, wie der Wortlaut des § 112 in Verbindung mit § 155 Str.P.O. erscheinen lassen könnte, sondern auch jede Freiheitsentziehung, welche der Amtsrichter gemäß § 125 a. a. O. über einen Verdächtigen verhängt. Zwar bedient sich die letztere Bestimmung nicht des Wortlautes von § 112, indem sie lediglich von der „Erlassung eines Haftbefehles", nicht aber vom „Verhängen der Untersuchungshaft" spricht; gleichwohl aber läßt bereits Abs. 2 dieses Paragraphen die Ausdehnung des Wortes „Untersuchungshaft" auch auf die amtsrichterliche Haft zu.[1]

Aber auch hiervon ganz abgesehen, abgesehen auch von dem Sprachgebrauche der Praxis wie von der Bedeutung unseres

---

[1] Vbd. § 125 Abs. 2 mit § 124 Abs. 1 Str.P.O. Vgl. auch die Entstehungsgeschichte des § 125; die daselbst zugelassene Verhaftung sollte ursprünglich „Verwahrung" heißen. Die Reichstagskommission hat aber bei der materiellen Übereinstimmung auch diese als „Untersuchungshaft" bezeichnet. So v. Schwarze, Vorbem. zum 1. Abschn. des 9. Buches der Str.P.O.

Übereinstimmend Löwe zu § 125 Note 5 („provisorische Untersuchungshaft"); Keller zu § 125 Note 1 („Untersuchungshaft vor Erhebung der öffentlichen Klage"); Ullmann S. 300 („Untersuchungshaft im engeren Sinne").

Begriffes in § 60 Str.G.B.s[1], wo derselbe doch zweifellos auch die amtsrichterliche Haft mit umfaßt: es kann der Begriff „Untersuchungshaft" zum mindesten für unser Gesetz nicht anders als in jenem weiteren Sinne aufgefaßt werden. Denn wenn in § 3 für die Untersuchungshaft entschädigt, diese Entschädigung aber auf die Zeit einer dem Haftbefehl vorausgängigen, durch Vorführung oder vorläufige Festnahme bewirkten Freiheitsentziehung ausgedehnt werden soll, so folgt, daß das Gesetz die Untersuchungshaft mit dem Erlasse des Haftbefehls beginnen lassen will, ohne Rücksicht darauf, ob letzterer vor oder nach Erhebung der öffentlichen Klage erlassen wurde.[2]

Weiter aber müssen auch die auf Grund von §§ 229, 235 Str.P.O. erfolgenden Freiheitsentziehungen durch Haftbefehl — wenn sie auch ihre Stellung nicht im 9. Abschnitt des 1. Buches der Strafprozeßordnung haben — als Untersuchungshaft im Sinne der Strafprozeßordnung und dieses Gesetzes betrachtet werden.[3]

Mit der Begrenzung des Entschädigungsanspruches auf die Untersuchungshaft der Strafprozeßordnung wird ein Ersatzanspruch von vornherein bei allen denjenigen Freiheitsentziehungen ausgeschlossen, welche entweder den Zwecken der Untersuchungshaft, nämlich denen der Verfolgung geschehenen strafbaren Unrechtes im Inlande, überhaupt nicht dienen, oder welche diesen Zweck zwar haben, aber der der Untersuchungshaft eigentümlichen Grundlage eines Haftbefehles entbehren. Zu den ersteren Fällen[4] gehören die Freiheitsentziehungen zwecks Auslieferung an das Ausland, die polizeiliche Festnahme in Ausübung der Präventivpolizei[5], die sitzungspolizeilichen Freiheitsentziehungen

---

[1] Olshausen zu § 60 Note 1.

[2] So auch Romen zu § 3 Note 2a, vbd. § 1 Note 3.

[3] Übereinstimmend Binding S. 118 zu II2a; Löwe zu § 112 Note 3a und § 229 Note 8a. — Immerhin wird hier meist — aber nicht immer! — eine Entschädigung aus § 2 Abs. 1 zu versagen sein; vgl. darüber Genaueres in § 10 dieser Abhandlung.

[4] Civil- und Strafhaft fallen selbstverständlich gänzlich aus dem Rahmen.

[5] welche die Strafprozeßordnung nicht aufgehoben hat (vgl. z. B. für Preußen Arndt, Pr.V. Art. 5).

des Gerichtsverfassungsgesetzes und der Strafprozeßordnung[1]; zu den letzteren Fällen die Vorführung und die vorläufige Festnahme, wenn sich an dieselben ein Haftbefehl nicht anschließt.[2] Insbesondere kann eine Freiheitsentziehung, welche im Wege der vorläufigen Festnahme durch eine nicht richterliche Behörde (§ 127 Abs. 2 Str.P.O.) oder gar eine Privatperson (Abs. 1 daselbst) bewirkt worden ist, hier gar nicht in Betracht kommen: denn abgesehen davon, daß unter „Untersuchungshaft“ lediglich eine richterliche Freiheitsentziehung verstanden werden darf, würde ja die Bestimmung des § 3 Abs. 1 Satz 2 völlig überflüssig sein, wenn die vorläufige Festnahme der Untersuchungshaft prinzipiell gleichgestellt werden dürfte.[3] Aus gleichen Gründen ist auch die richterlich verfügte Vorführung des § 134 Str.P.O., sofern der Vorgeführte alsbald wieder entlassen wird, nicht hierher zu rechnen, wenn auch die Vorführung im Gegensatze zur vorläufigen Festnahme auf richterlicher Anordnung beruht, der Vorführungsbefehl auch die gleichen Grundlagen hat wie ein Haftbefehl.[4]

Wo der Angeschuldigte in Haft gehalten wird, ist gleichgültig[5]; auch wenn er zeitweise außerhalb des Gefängnisses gehalten wird, eine Untersuchungshaft aber weiterbesteht, muß für diese Zeit entschädigt werden; es kommt lediglich auf die Freiheitsentziehung an. Deshalb unterbricht auch die Unterbringung des Angeschuldigten in eine öffentliche Irrenanstalt gemäß § 81 Str.P.O. die Untersuchungshaft an sich nicht; wird dagegen der Haftbefehl aufgehoben, so kann für die nun folgende Zeit der Unterbringung Entschädigung nicht etwa aus dem Gesichtspunkte beansprucht werden, dem Internierten

---

[1] Vgl. §§ 178, 179, 182 G.V.G., sowie der inhaltlich verwandte § 162 Str.P.O. Auch das „Halten in Gewahrsam“ des § 230 Str.P.O. ist eine sitzungspolizeiliche Maßnahme, was schon daraus hervorgeht, daß der Vorsitzende die Entscheidung zur Ermöglichung einer ordnungsgemäßen Verhandlung trifft.

[2] Vgl. § 3 Abs. 1 Satz 2 des Gesetzes.

[3] Dies wurde allerdings wiederholt bei der Reichstagsberatung gefordert vgl. Stenogr. Ber. S. 652 u. a. — Siehe auch Winkler S. 97.

[4] Vgl. § 134 Str.P.O.

[5] So auch Löwe zu § 112 Note 1.

sei gleich dem Verhafteten zum Zwecke der Untersuchung seine Freiheit entzogen gewesen. Denn wenn auch zugegeben werden kann, daß eine Unterbringung gemäß § 81 Str.P.O. den Angeschuldigten oft schwerer treffen kann als seine Verhaftung[1], so darf doch diese Internierung — ganz abgesehen davon, daß sie entgegen der Untersuchungshaft eine Wohltat für den Angeschuldigten bedeuten soll — schon um deswillen der Untersuchungshaft nicht gleichgestellt werden, weil ein Nebeneinanderbestehen beider Freiheitsbeschränkungen begrifflich möglich ist.[2]

Nach § 117 Str.P.O. kann der Angeschuldigte unter bestimmten Umständen gegen Sicherheitsleistung „mit der Untersuchungshaft verschont", d. h. auf freiem Füße belassen werden, ohne daß jedoch der Haftbefehl gleichzeitig aufgehoben wird. In diesem Falle wahrt zwar der Angeschuldigte seine persönliche Freiheit; es können ihm aber durch die Stellung der Sicherheit (z. B. durch Beschaffung einer beträchtlich hohen Geldsumme die empfindlichsten Vermögensnachteile erwachsen. Gleichwohl wird er auf Grund unseres Gesetzes eine Entschädigung für diese Nachteile nicht verlangen können; denn wenn er durch die Hingabe der Sicherheit mit der Untersuchungshaft „verschont" worden ist, so hat er sie eben nicht „erlitten" (Überschrift und § 1 des Gesetzes). Ein Entschädigungsanspruch kann hier vielmehr nur dann in Frage kommen, wenn dem Angeschuldigten auf Grund des Haftbefehles wenigstens eine Zeitlang tatsächlich die Freiheit entzogen worden ist.[3]

§ 5.

Unschuldig erlittene Untersuchungshaft.

Nachdem mit Vorstehendem der Begriff der „Untersuchungshaft" für unser Gesetz festgelegt ist, fragt es sich nunmehr:

---

[1] So Löwe zu § 81 Note 1.

[2] Übereinstimmend Löwe zu § 81 Note 2 a. E.; Keller daselbst Note 2.

[3] Vgl. hierzu auch Romen zu § 3 Note 2b. Derselbe will anscheinend in allen Fällen Entschädigung gewähren.

unter welchen Umständen kann eine Untersuchungshaft als „unschuldig erlitten“ bezeichnet werden?[1]

I. Unschuldig erlitten könnte eine Untersuchungshaft an sich zunächst dann genannt werden, wenn der Haftbefehl nach Lage der Sache zur Zeit der Verhaftung objektiv (d. h. nach der Überzeugung des über die staatliche Entschädigungsverpflichtung befindenden Richters) nicht erlassen werden durfte oder wenn er zwar erlassen werden durfte, aber später nach Eintritt veränderter Umstände hätte wieder aufgehoben werden müssen, was nicht geschehen ist. „Unschuldig verhaftet“ in diesem Sinne ist gleichbedeutend mit: ohne ausreichenden Rechtsgrund verhaftet.[2] Ob der Verhaftete materiell schuldlos ist, darauf kommt an sich nichts an.

Hiernach hätte die Untersuchungshaft schuldlos erlitten auch der schließlich materiell schuldig Befundene, gegen den die Untersuchungshaft verhängt wurde, ohne daß objektiv (d. h. nach der Überzeugung des Entschädigungsrichters) Fluchtverdacht zur Zeit der Verhaftung gegen ihn hätte angenommen werden dürfen, oder bezüglich dessen zur Zeit der Verhaftung das Belastungsmaterial noch nicht ein derartiges war, daß der verhaftende Richter objektiv gerechtfertigt einen Tatverdacht haben konnte, oder daß, wenn er ihn haben konnte, dieser Verdacht doch noch nicht als der gemäß § 112 erforderliche dringende hätte bezeichnet werden dürfen. Daher würde auch unschuldig verhaftet worden sein, wer, gleichviel ob später als materiell schuldig oder schuldlos befunden, festgehalten wurde, obwohl die Personen, mit Rücksicht auf welche er wegen Kollusionsverdachtes verhaftet wurde, inzwischen aus irgend welchen Gründen für ihn unerreichbar geworden waren. — Besonders hervorgehoben verdient noch der Fall zu werden, daß jemand wegen Verdachts eines Verbrechens oder im Hinblick darauf, daß er

---

[1] Bemerkt sei hier vorweg, daß das Gesetz in seinem Text den Ausdruck „unschuldig erlittene Untersuchungshaft“ nicht kennt, sondern nur seine Überschrift.

[2] Diese Gleichstellung macht besonders nachdrücklich Brückmann, J.Woch.Schr. 1904 S. 83 ff. Vgl. zu dem Folgenden noch Köhler a. a. O. S. 359 ff.

zu den in § 112 Abs. 2 Nr. 2 und 3 bezeichneten Personen gehört, verhaftet worden ist; denn hier kann selbst der materiell Schuldige, gegen den zudem zur Zeit seiner Verhaftung objektiv gerechtfertigt dringender Tatverdacht vom verhafteten Richter angenommen worden ist, unschuldig verhaftet worden sein — nämlich dann, wenn der Haftrichter nur um deswillen Fluchtverdacht angenommen hat, weil ein Verbrechen vorliegt oder der Verhaftete zu den a. a. O. genannten Personen gehört — ein Fall, der in der Praxis vielleicht nicht allzu selten sein dürfte.[1]

Das Gesagte leidet aber auch eine Umkehrung. Wie es denkbar ist, daß eine Verhaftung ungerechtfertigt ist trotz endlich sich ergebender materieller Schuld, so ist die Möglichkeit gegeben, daß der Verhaftete schließlich sich als materiell unschuldig erweist, aber doch mit Fug und Recht verhaftet war. Es steht fest: der verhaftete Richter hat allemal dann objektiv zu Recht verhaftet, wenn er auf Grund des zur Zeit der Verhaftung vorliegenden Belastungsmaterials objektiv zu Recht dringenden Tatverdacht, auf Grund des Verhaltens des Angeklagten zur Zeit der Verhaftung oder auf Grund sonstiger Umstände objektiv ebenso zu Recht Flucht- usw.-Verdacht des Verhafteten annehmen durfte[2]; dabei ist es auch hier gleichgültig, ob der Verhaftete schließlich als materiell schuldig oder schuldlos befunden wird.

Nach alledem ergeben sich aus dem Gesagten folgende vier Möglichkeiten:

a) der Verhaftete ist materiell unschuldig, auch objektiv zu Unrecht verhaftet (in dem genannten Sinne unschuldig verhaftet);

b) der Verhaftete ist materiell unschuldig, aber die Verhaftung ist objektiv zu Recht erfolgt;

c) der Verhaftete ist materiell schuldig, auch objektiv zu Recht verhaftet;

d) der Verhaftete ist materiell schuldig, aber seine Ver-

---

[1] Über den Passus: „Der Verdacht der Flucht bedarf keiner weiteren Begründung" vgl. Löwe zu § 112 Note 4b; besonders scharf Schultetus, Ztschr. f. ges. Str. Wiss. Bd. 23 S. 689.

[2] So dem Sinne nach v. Schwarze, oben S. 17 Anm. 1.

haftung ist objektiv zu Unrecht erfolgt (er ist in jenem Sinne unschuldig verhaftet).

II. Das Gesetz verbindet jedoch mit den Worten „unschuldig erlittene Untersuchungshaft" den vorstehend angedeuteten Sinn nicht. Mit der in § 1 ausgesprochenen Begrenzung des Kreises der entschädigungsberechtigten Personen auf die Freigesprochenen und die a. a. O. den Freigesprochenen Gleichgestellten hat es deutlich und klar zum Ausdrucke gebracht, daß es nicht seine Absicht ist, für unschuldig erlittene Untersuchungshaft als solche (Nr. a und d) Entschädigung zu gewähren, sondern daß es lediglich die schließlich materiell Unschuldigen (Nr. a und b) für die Unbill der Untersuchungshaft entschädigen will. Daraus aber ergeben sich die folgenden beiden Grundsätze:

1. Den materiell Unschuldigen wird Entschädigung gewährt — auch dann, wenn sie zu Recht in Untersuchungshaft genommen waren;

2. den materiell Schuldigen wird Entschädigung nicht gewährt — auch dann nicht, wenn sie zu Unrecht in Untersuchungshaft genommen waren.

Die vorstehenden beiden Sätze bedürfen noch einer näheren Erörterung.

Aus ihnen ergiebt sich zunächst, daß der Name des Gesetzes strenggenommen ein ungenauer ist. Das Gesetz entschädigt nicht und will nicht entschädigen für „unschuldig erlittene Untersuchungshaft", sondern es will Entschädigung geben „Unschuldigen für erlittene Untersuchungshaft".[1] Dies führt ohne weiteres auf den Inhalt des ersten Satzes, nach welchem der Unschuldige stets der Entschädigung teilhaftig werden soll, wenn auch seine einstmalige Verhaftung noch so sehr zu Recht erfolgt ist.[2] Nicht

---

[1] So im Resultat auch Brunner, Allg. Österr. Ger.Ztg. 55. Jahrg. Nr. 15 S. 115 a. E.

[2] Unter Umständen wird hier freilich auf Grund des § 2 des Gesetzes, namentlich des Abs. 1 daselbst, eine Entschädigung ausgeschlossen werden müssen. Indes kann der Haftrichter sehr wohl objektiv zu Recht verhaftet haben, ohne daß Vorsatz oder grobe Fahrlässigkeit auf Seiten des Verhafteten vorlag; vgl. § 10 dieser Abhandlung.

und Unrecht nennt Brückmann dies einen der preisenswertesten Gedanken des ganzen Gesetzes.[1]

Aber der Gedanke ist auch gesetzgeberisch aus einem rein praktischen Gesichtspunkte naheliegend und empfehlenswert. Es würde etwas ungemein Bedenkliches haben, wollte man dem über die Entschädigung befindenden Richter eine Entscheidung auch darüber anvertrauen, ob denn der Haftbefehl des inhaftierenden Richters, der vielleicht ein Jahr und darüber hinaus zurückliegt, damals zu Recht oder zu Unrecht erlassen war. So nennt auch Ortloff[2] „den heikelsten Punkt für eine gesetzgeberische Begrenzung der Beurteilung, ob die Untersuchungshaft rechtmäßig bestanden habe, den Umstand, daß es für das auf Grund der Untersuchungsakten allein entscheidende Gericht derjenigen auf die Entschließung über die Untersuchungshaft einwirkenden, unbeschriebenen und unbeschreibbaren Bestimmungs- und Anschauungsgründe ermangelt, welche dem die Untersuchungshaft verhängenden oder fortführenden Richter bezw. Richterkollegium außerhalb der aktlich gemachten Haftgründe zu Gebote gestanden oder mitgewirkt hätten." „Mißlich sei es, rückwärts aus den Akten zu beurteilen, ob die Verdachtsgründe in ihrem Zusammenwirken genügend gewesen seien, um einen „dringenden Verdacht" annehmen und als fortdauernd ansehen zu können."

Und diese Gesichtspunkte sind es wohl auch, diese rein technischen Schwierigkeiten, welche veranlaßt haben, daß ein Satz wie der zweite zur Grundlage eines Entschädigungsgesetzes für unschuldig Verhaftete erhoben werden konnte, ein Satz, in dem ausgesprochen wird, daß der materiell Schuldige eine Entschädigung niemals erhalten soll, auch wenn seine Verhaftung objektiv das größte Unrecht war. So lobenswert die Präsumtion des ersten Satzes erscheint, wonach der verhaftete Unschuldige stets als zu Unrecht verhaftet angesehen werden soll, eine so überaus bedenkliche Vermutung enthält der zweite: der Schuldige gilt — wenn auch nur bezüglich der Entschädigungspflicht des Staates — stets als zu Recht seiner Freiheit beraubt. Ein solcher

---

[1] S. 83 a. a. O.

[2] Ztschr. f. ges. Str.Wiss. Bd. 22 S. 777.

Grundsatz muß Befremden zumal in einem Gesetze erregen, das, wie unten noch des Näheren gezeigt werden soll[1], nicht etwa dem Unschuldigen einen billigen Ersatz für die Antastung seiner Ehre, seiner Freiheit gewähren will, sondern das lediglich bezweckt, den durch die Untersuchungshaft verursachten Vermögensschaden auszugleichen; wenn die Untersuchungshaft objektiv ungerechtfertigt verhängt war, so trifft der dadurch entstandene Vermögensschaden den Schuldigen doch nicht minder ungerecht wie den Schuldlosen!

Aus dem Gesagten ergibt sich, daß eine Entschädigung nicht verlangen kann, der wegen Verdachtes der Notzucht verhaftete und lange Monate im Gewahrsam der Untersuchungshaft behaltene Mann, der schließlich wegen tätlicher Beleidigung zu 20 Mark Geldstrafe verurteilt wird[2], auch wenn der Richter den „Fluchtverdacht“ lediglich auf das Vorliegen eines Verbrechens gegründet hatte![3] Ähnlich geht auch der wegen Kollusionsverdachtes Verhaftete leer aus, wenn sich bei seiner endlichen Verurteilung zu einer geringen Geldstrafe herausstellt, daß der Zeuge, mit Rücksicht auf den er verhaftet wurde, bereits seit langem verstorben ist.[4]

Man wird sich fragen müssen, ob diese Übelstände, die das Gesetz hat bestehen lassen, vielleicht auf anderem Wege zu beseitigen oder doch wenigstens einzuschränken sind. Hier bietet allein das Strafgesetzbuch ein, noch dazu sehr bescheidenes Mittel: die Anrechnung der Untersuchungshaft auf die erkannte Strafe (§ 60 das.).

Es steht dem Richter frei, von dieser ihm in § 60 Str.G.B.s

---

[1] § 15 dieser Abhandlung.

[2] Denn er ist nicht „freigesprochen“, sondern seine Tat stellt sich nur als eine andere strafbare Handlung dar. Vgl. darüber § 7 dieser Abhandlung.

[3] Vgl. oben S. 26, 27 dieser Abhandlung.

[4] Weitere Beispiele bei Köhler, G.Saal Bd. 64 S. 359 ff., welcher de lege ferenda hier Entschädigung fordert. Beachtlich auch der Vorschlag de lege ferenda von Winkler, Recht 8. Jahrgang S. 95: Es ist zu § 1 hinzuzufügen: „Der Anspruch ist auch zu gewähren, wenn eine Verurteilung erfolgt oder der Verdacht nach Satz 1 bestehen bleibt, aber nur wegen einer so geringen Straftat, daß die Verhängung oder Verlängerung der Untersuchungshaft als nicht gerechtfertigt sich herausgestellt hat.“

gewährten Befugnis in jedem Falle und aus jedem beliebigen Grunde Gebrauch zu machen; daher ist ihm auch nicht verwehrt, in Fällen, wo der Schuldige zu Unrecht (d. h. „unschuldig" in dem genannten Sinne) Untersuchungshaft erlitten hat, die Untersuchungshaft ganz oder teilweise auf die erkannte Strafe zur Anrechnung zu bringen. — Immerhin kann das Institut des § 60 Str.G.B.s eine gesetzlich statuierte Entschädigungspflicht des Staates nur in höchst unvollkommenem Maße ersetzen. Nachstehend seien die wichtigsten Unterschiede aufgeführt:

1. Der Richter hat, wenn er verurteilt, nicht die Pflicht, zu prüfen, ob die Untersuchungshaft zu Recht oder Unrecht verhängt war, um eventuell von der Anrechnungsbefugnis Gebrauch zu machen, insbesondere hat er keine ausdrückliche Entscheidung zu treffen, welche die Anrechnung entweder ausspricht oder versagt (dagegen § 4, wonach auch im Fall der Versagung der Entschädigung ein Beschluß zu fassen ist).

2. Selbst wenn der Richter diese Frage prüft und findet, daß die Untersuchungshaft zu Unrecht verhängt war, ist er nicht verpflichtet, anzurechnen[1] (dagegen § 1, in dem ein Recht des Verhafteteten auf Entschädigung statuiert ist).

3. Da der Richter, auch wenn er findet, daß die Untersuchungshaft zu Unrecht verhängt war, trotzdem nicht anzurechnen braucht, so ist er naturgemäß, falls er überhaupt von der Anrechnungsbefugnis Gebrauch macht, bezüglich dessen, wieviel er anrechnen will oder wie er die Untersuchungshaft in einen entsprechenden Teil der erkannten Strafe umrechnen will, durch keinerlei Vorschrift gebunden. M. a. W.: selbst wenn er anrechnet, braucht er nicht so anzurechnen, daß der Schaden, der durch die ungerechtfertigte Untersuchungshaft dem Verhafteten entstanden ist, ausgeglichen wird (z. B. von acht Monaten Untersuchungshaft braucht er nur einen anzurechnen). Vielfach wird dies ja auch ganz unangängig sein; sechs Monate Gefängnis sind schwerer als sechs Monate Untersuchungshaft (vgl. § 16 Str.G.B.s vbd. § 116 Str.P.O.); also wird der Richter, wenn er nach einer sechsmonatige ungerechtfertigten Untersuchungshaft auf sechs Monate

[1] Eine solche Verpflichtung zur Anrechnung besteht nur nach § 482 Str.P.O., der aber hier gar nicht in Betracht kommt.

Gefängnis erkennt, im Sinne des Gesetzes höchstens etwa vier Monate anrechnen dürfen! Den Schaden, den der Verhaftete durch die objektiv zwei Monate zu lange ausgedehnte Freiheitsentziehung etwa erlitten hat, ersetzt ihm Niemand.

4. In vielen Fällen ist die Anrechnung der Untersuchungshaft überhaupt nicht imstande, den entstandenen Schaden völlig auszugleichen, weil der durch die erkannte Strafe entstehende Vermögensnachteil geringer ist als der durch die Untersuchungshaft bereits erwachsene Vermögensschaden. Hierher gehören z. B. die oben S. 30 erwähnten Fälle; selbst wenn die Geldstrafe von 20 Mark auf die erlittene halbjährige Untersuchungshaft „ganz" angerechnet wird, so wird dadurch im Regelfalle ein großer Teil des erlittenen Vermögensschadens nicht ausgeglichen sein.

5. Aber auch selbst wenn der Richter den durch die ungerechtfertigte Untersuchungshaft entstandenen Schaden durch die Anrechnung völlig wieder ausgleichen kann, so kommt diese Ausgleichung nur dem Verhafteten, nicht aber dessen Unterhaltsberechtigten zu Gute (dagegen § 1 Abs. 2 unseres Gesetzes).

Das Resultat ist, namentlich im Hinblick auf Nr. 3, 4 und 5, daß die Anrechnung der Untersuchungshaft gemäß § 60 Str.G.B.s ein nur sehr unzulängliches Surrogat für eine ordentliche Entschädigung darstellt. Dem erkennenden Richter bleibt damit, wenn nicht die Rechtspflicht, so doch das nobile officium, auch im Falle der Verurteilung die vorhergegangene Untersuchungshaft daraufhin zu betrachten, ob sie in allen Stadien des Verfahrens (vgl. § 123 Str.P.O.[1]) eine gerechtfertigte gewesen ist, und wenn er an dieser Berechtigung ganz oder teilweise Zweifel hegt, von der Befugnis des § 60 Str.G.B.s in ausgedehntem Maße Gebrauch zu machen, immer dessen eingedenk, daß in sehr vielen Fällen eine gerechte Ausgleichung überhaupt nicht zu erreichen sein wird.

Der Reform unseres Strafverfahrens, welche, wie bereits oben[2] gezeigt wurde, wohl auch unser Gesetz ergreifen wird, muß es vorbehalten bleiben, den hier besprochenen Übelstand nach Möglichkeit zu beseitigen. An Vorschlägen fehlt es ja nicht: Ortloff

[1] Vgl. hierzu auch Schultetus, Ztschr. f. ges. Str.Wiss. Bd. 23 S. 693.

[2] Vgl. oben § 1 dieser Abhandlung a. E.

meint, das aus den Akten urteilende Gericht müsse sich eben in die Lage desjenigen Gerichtes versetzen, von welchem die Verdachtswürdigung vorzunehmen gewesen sei, wobei die Wahrscheinlichkeit einer möglichen Abschwächung nach Lage der Untersuchung berücksichtigt werden müsse.[1]

Brückmann[2] will de lege ferenda auch im Falle einer Verurteilung einen „die gesamte Sachlage beurteilenden Beschluß" entscheiden lassen darüber, ob das deliktische Verhalten ein die Untersuchungshaft verdienendes gewesen sei oder nicht. Der Vorschlag ist vor endgültiger Verabschiedung unseres Gesetzes gemacht worden, er sucht dem System dieses Gesetzes möglichst gerecht zu werden; ob man ihn aber de lege ferenda zu einer neuen gesetzlichen Regelung machen soll, kann wohl bezweifelt werden, da jenes Beschlußverfahren wie das Beschlußverfahren unseres Gesetzes auf das engste mit dem Verfahren in der Hauptsache verknüpft ist[3] und die Grundzüge des Verfahrens nach einer neuen Strafprozeßordnung festere Gestalt noch nicht gewonnen haben.

§ 6.

Die einzelnen Voraussetzungen des Entschädigungsanspruches.

Wenden wir uns nunmehr zu den Voraussetzungen des Entschädigungsanspruches, so enthält das Gesetz in den §§ 1 und 2 eine Reihe von Erfordernissen, deren Vorhandensein das Zustandekommen jenes Anspruches bedingt. Es sind dies in erster Linie die beiden positiven Voraussetzungen des § 1:

a) Der Verhaftete muß „freigesprochen" oder „durch Beschluß des Gerichtes außer Verfolgung gesetzt sein;

b) es muß in dem Verfahren sich die „Unschuld" des Verhafteten ergeben haben oder doch dargetan sein, daß ein „begründeter Verdacht" gegen denselben nicht vorliegt.[4]

---

[1] S. 777 a. a. O. [2] S. 84 a. a. O.

[3] Vgl. § 19 dieser Abhandlung. — Vgl. auch §§ 1, 4 des Gesetzes, §§ 1, 4 des Gesetzes von 1898.

[4] Wegen dieser Gleichstellung darf das Nichtvorliegen des begründeten Verdachtes als positives Erfordernis bezeichnet werden. Die Unschuld ist zweifellos ein positives Moment; „unschuldig" ist ja gerade verschieden von „nicht schuldig" (s. u. S. 47 ff.).

Danach ist, sobald eine Freisprechung oder Außerverfolgungsetzung im Sinne des Gesetzes vorliegt, zunächst die Unschuld des Verhafteten zu prüfen, bezw. festzustellen, ob noch begründeter Verdacht vorhanden ist. Ist die Unschuld des Verhafteten nicht zu erweisen, liegt zum mindesten noch begründeter Verdacht gegen ihn vor, so haben die übrigen Erfordernisse überhaupt keine Bedeutung.

Liegt aber die Unschuld des Verhafteten zu Tage, kann zum mindesten von einem gegen ihn bestehenden begründeten Verdacht nicht mehr gesprochen werden, so ist die Entschädigungsverpflichtung des Staates von weiteren, negativen Erfordernissen[1] abhängig gemacht. Dieselben können nach dem Wortlaut des Gesetzes in zwei Klassen zerlegt werden: A. in notwendige, B. in solche Erfordernisse, deren Beachtung dem Richter freigestellt ist (nicht notwendige). Diese negativen Voraussetzungen sind im Einzelnen folgende:

A. Notwendige: Der Verhaftete darf die Verhaftung nicht vorsätzlich herbeigeführt oder durch grobe Fahrlässigkeit verschuldet haben (§ 2 Abs. 1);

B. Nicht notwendige:

a) Die zur Untersuchung gezogene Tat des Verhafteten darf nicht in einem die freie Willensbestimmung ausschließenden „Trunkenheitszustande“ begangen sein;

b) die zur Untersuchung gezogene Tat des Verhafteten darf nicht eine „grobe Unredlichkeit“ oder „grobe Unsittlichkeit“ in sich geschlossen haben;

c) der Verhaftete darf nicht die Verübung eines Verbrechens oder eines Vergehens „vorbereitet“ haben;

(zu a bis c: § 2 Abs. 2 des Gesetzes);

d) der Verhaftete darf auch nicht zu den in § 2 Abs. 3 bezeichneten vorbestraften Personen gehören.

Die Bedeutung dieser einzelnen Erfordernisse soll in den folgenden Paragraphen (§§ 7 bis 12) einer näheren Betrachtung unterzogen werden.

---

[1] Dieses Ausdruckes „negatives Erfordernis“ bedient sich für das Gesetz von 1898 Löwe § 1 daselbst Note 1d, Lessing § 15 I 4. Derselbe erscheint namentlich mit Rücksicht darauf zutreffend, daß das Gericht das Vorliegen auch der Momente des § 2 von Amts wegen prüfen muß.

§ 7.

Freisprechung. Außerverfolgungsetzung.

Die Gewährung einer Entschädigung hängt in erster Linie davon ab, daß der Verhaftete freigesprochen oder durch Beschluß des Gerichtes außer Verfolgung gesetzt wird (§ 1 Abs. 1 des Gesetzes).

I. Sobald daher nur eine Freisprechung (im Sinne des § 259 usw. Str.P.O.) vorliegt, so ist die Möglichkeit einer Entschädigung gegeben. Wenn wegen Diebstahls das Hauptverfahren eröffnet wird[1], die eventuell begangene Tat aber in der Hauptverhandlung als Unterschlagung sich darstellt, und wenn dann der Verhaftete, weil seine Unschuld sich herausstellt, freigesprochen wird, so ist er auch bezüglich der wegen Diebstahls erlittenen Untersuchungshaft zu entschädigen (das Urteil lautet hier zweckmäßig einfach auf Freisprechung, ohne Bezeichnung einer strafbaren Handlung überhaupt). — Dagegen ist in allen den Fällen eine Entschädigung auszuschließen, in denen der Verhaftete verurteilt wird, wenn auch die Tat, wegen deren Verurteilung erfolgt, rechtlich oder tatsächlich anders beurteilt wird als sie in dem Haftbefehl oder dem Eröffnungsbeschlusse beurteilt worden ist. Denn es findet in diesen Fällen nicht eine Freisprechung bezüglich der vordem angenommenen strafbaren Handlung und eine Verurteilung wegen des an seine Stelle getretenen Deliktes statt, sondern es kann „in Ansehung einer und derselben Tat eines und desselben Angeklagten“ lediglich Verurteilung erfolgen.[2] Daß dies, wenn wegen eines Verbrechens verhaftet und eröffnet worden ist, eine Verurteilung aber lediglich wegen einer Übertretung erfolgt[3], unter Umständen große Härten für den Angeklagten mit sich

---

[1] Der Eröffnungsbeschluß enthält kraft zwingender Vorschrift eine erneute Haftentscheidung (§ 205 Abs. 2 Str.P.O.).

[2] So u. a. Löwe zu § 259 Note 6a; v. Kries S. 584.

[3] Dies ist ganz und gar nicht unmöglich. Man denke an eine Schwurgerichtssache wegen versuchten Totschlages (§§ 211, 43 Str.G.Bs.), begangen durch einen Steinwurf auf einen Menschen; die Geschworenen bejahen lediglich die Frage aus § 366 Nr. 7 Str.G.Bs.

bringen kann, ist bereits oben an Beispielen gezeigt worden.[1] — Ohne weiteres folgt hieraus, daß auch eine Verurteilung wegen Versuches (statt Vollendung), wegen Beihilfe, Begünstigung (statt Mittäterschaft) einen Entschädigungsanspruch nicht zur Entstehung gelangen lassen kann. — Das gleiche gilt, wenn in dem Haftbefehl bezw. Eröffnungsbeschlusse zwei idealiter konkurrierende Delikte angenommen werden, aber nur wegen eines derselben verhaftet wird — im Urteil dagegen gerade dieses Delikt ausgeschieden wird und eine Verurteilung nur wegen des anderen erfolgt. Daß auch hier die Versagung einer Entschädigung oft von großen Härten begleitet sein kann, braucht wohl kaum ausdrücklich erwähnt zu werden.

Anders ist es jedoch im Falle der Realkonkurrenz. Wenn eine Person wegen mehrerer Delikte zur Untersuchung gezogen wird, so ist es sehr wohl denkbar, daß sie (ganz abgesehen von § 112 Abs. 2 Nr. 1 Str.P.O.) nur wegen eines Deliktes fluchtverdächtig erscheint. Besonders wird dies freilich in dem a. a. O. angeführten Falle vorliegen; ist jemand beschuldigt, durch zwei selbständige Handlungen sich des Mordes und des groben Unfugs schuldig gemacht zu haben, so wird sich der Fluchtverdacht lediglich auf das erste Delikt beziehen, auch wenn der Haftbefehl dies nicht ausdrücklich zum Ausdrucke bringen sollte. Erfolgt also zwar eine Verurteilung wegen groben Unfugs, im übrigen aber Freisprechung, so wird eine Entschädigung ohne weiteres zu gewähren sein[2]. — Aber auch wenn jemand mehrerer, bezüglich der Strafandrohung gleichartigerer Delikte dringend verdächtig erscheint, z. B. des Diebstahls, der Unterschlagung und des Betruges, so ist es begrifflich denkbar, daß ein Fluchtverdacht nur wegen eines dieser Delikte angenommen wird und infolgedessen im Hinblick lediglich auf dieses Delikt die Erlassung eines Haftbefehls erfolgt. Jedenfalls wird der über die Entschädigungspflicht befindende Richter, sofern der Haftbefehl nicht deutlich erkennen läßt, im Hinblick auf welches Delikt verhaftet worden ist, zur Prüfung jener Frage verpflichtet sein; denn eine Entschädigung ist unzweifelhaft zu gewähren, wenn der Verhaftete

[1] S. 30 dieser Abhandlung.

[2] Vgl. übereinstimmend die Regierung im Komm.Ber. S. 11.

gerade wegen desjenigen Deliktes, bezüglich dessen einst seine Verhaftung erfolgte, freigesprochen wird. Im vorliegenden Falle ist es beispielsweise sehr wohl denkbar, daß der Beschuldigte lediglich wegen des Diebstahls fluchtverdächtig ist, weil er dessenthalben eine Freiheitsstrafe zu erwarten hat, die er vermieden zu sehen wünscht, während er bezüglich der anderen Delikte nur mit einer Geldstrafe belegt zu werden hofft. Wird er dann nur wegen Unterschlagung verurteilt, im übrigen aber freigesprochen, so würde er eine Entschädigung für unschuldig erlittene Untersuchungshaft zweifellos beanspruchen dürfen.

Immerhin dürften Fälle der vorliegenden Art zu den Seltenheiten gehören, da bei Delikten, die ungefähr mit den gleichen Strafen bedroht sind, der Fluchtverdacht, wenn er einmal vorliegt, meist ein einheitlicher sein wird. Derselbe wird sich nämlich entweder auf jedes einzelne Delikt erstrecken oder aber seinen Grund eben in der Konkurrenz der Delikte und der damit zu erwartenden Strafhöhe haben. Im ersteren Falle wird man dem Verhafteten, der wegen des einen Deliktes verurteilt, bezüglich des anderen aber freigesprochen wird, eine Entschädigung billigermaßen versagen, da ja die Verhaftung auch wegen des ersten Deliktes erfolgte und infolgedessen die Freisprechung in bezug auf das andere damit in Realkonkurrenz befindliche Delikt an sich keinen Einfluß hat; man könnte allenfalls — sofern nur die übrigen Anspruchsvoraussetzungen vorliegen — an eine wenigstens teilweise Entschädigung denken, sofern festgestellt werden könnte, daß die Dauer der Untersuchungshaft im Hinblick auf diejenigen Delikte, bezüglich derer Freisprechung erfolgte, in erheblichem Maße verlängert worden ist. — Das gleiche gilt für den zweiten Fall, wenn die Verhaftung ihren Grund lediglich in der Konkurrenz der Delikte hat. Wenn bezüglich 15 verschiedener Delikte Tatverdacht und um dieser hohen Zahl willen Fluchtverdacht besteht, auf Grund dessen aber ein Haftbefehl erlassen wird, und wenn später bezüglich 12 dieser Delikte Freisprechung erfolgt, so erscheint eine wenigstens teilweise Entschädigung sehr wohl angebracht, insofern eben angenommen wird, daß wegen der restierenden drei Delikte der Haftbefehl nicht erlassen worden wäre. Es würde aber bei dieser teilweisen

Entschädigung nicht einfach die Zahl der Delikte, sondern ihre Schwere und damit ihre Bedeutung für den Haftbefehl ins Auge zu fassen sein. Man wird darauf gespannt sein dürfen, welche Stellung die Praxis zu diesen Fragen einnehmen wird.

Da im Falle der Gewerbsmäßigkeit[1], Gewohnheitsmäßigkeit[2] und Geschäftsmäßigkeit[3] eines Verbrechens, desgleichen beim fortgesetzten und fortdauernden Verbrechen nur ein Delikt als vorliegend angenommen wird, Realkonkurrenz also ausgeschlossen ist, so gehören diese Fälle nicht hierher. Entschädigung wird hier also, schon im Hinblick darauf, daß eine ausdrückliche Freisprechung nicht erfolgt, überall zu versagen sein, auch wenn die Gewerbsmäßigkeit usw. verneint wird und nur wegen eines einfachen Deliktes Verurteilung erfolgt.[4]

Über die Interpretation des Begriffes „Freisprechung“ für unser Gesetz im übrigen vgl. Seite 57 f. dieser Abhandlung. —

II. Die Entschädigung soll außer im Falle der Freisprechung auch dann gewährt werden, wenn der Verhaftete „durch Beschluß des Gerichtes außer Verfolgung gesetzt“ wird.

Das Gesetz will, indem es den Entschädigungsanspruch auch auf diese Personen ausdehnt, nicht nur denjenigen, welche im endlichen Hauptverfahren freigesprochen werden, sondern auch einem Teile der bereits vorher wieder Freigelassenen einen Ersatz für die Unbilden der Untersuchungshaft zuteil werden lassen. — Hier könnte es zunächst scheinen, als ob nur solche Personen, gegen die eine Voruntersuchung geschwebt hätte, unter den genannten Voraussetzungen eine Entschädigung beanspruchen könnten; denn in § 202 Abs. 2 Str.P.O. wird die „Außerverfolgungsetzung“ lediglich auf diesen letzteren Fall beschränkt. Indessen giebt die Strafprozeßordnung selbst einen Anhalt zur weiteren Auslegung dieses Begriffes, indem sie selbst ihn in den §§ 123, 499, 503 Abs. 2 mit anderem Sinne bekleidet[5]: denn wenn

[1] Vgl. z. B. Str.G.B. §§ 260, 294, 361 Ziffer 6, 302d und 302e.

[2] Vgl. z. B. Str.G.B. §§ 150, 180, 260, 302d und 302e.

[3] Vgl. z. B. Str.G.B. § 144.

[4] Vorausgesetzt natürlich, daß die einfache Tat überhaupt strafbar ist (vgl. z. B. §§ 144, 180, 361 Ziffer 6).

[5] So im Resultat Burlage, D.J.Z. 1904 S. 839.

bereits in den §§ 123 und 499, welche allgemeine Gesichtspunkte behandeln (Aufhebung des Haftbefehls, Kosten), eine Bezugnahme auf die Einzelbestimmung des § 202 Abs. 2 Str.P.O. als vom Gesetzgeber nicht gewollt und auch sonst unbegründet erscheint, so muß eine Bezugnahme des § 503 Abs. 2 auf § 202 Abs. 2 im Hinblick einmal auf den entsprechenden § 499, dann aber besonders auf die §§ 27 Nr. 3 G.V.G. vbd. 176 Abs. 3 Str.P.O. (in denen die Unzulässigkeit einer Voruntersuchung im Falle der Privatklage ausgesprochen wird), als völlig ausgeschlossen bezeichnet werden. Schwankt sonach bereits die Terminologie unserer Strafprozeßordnung, so ist der Begriff „Außer Verfolgung setzen" im Sinne unseres Gesetzes jedenfalls in weiterem Sinne zu fassen. Auch die Motive sagen zu § 1: „Außer Verfolgung gesetzt sind alle Personen, hinsichtlich derer die Eröffnung der Voruntersuchung oder des Hauptverfahrens abgelehnt worden ist und zwar im letzteren Falle ohne Unterschied, ob eine Voruntersuchung vorhergegangen ist oder nicht."[1]

Voraussetzung ist freilich, daß die Außerverfolgungsetzung durch Beschluß des Gerichtes erfolgt. Dieser Zusatz ist strenggenommen überflüssig; er erschien jedoch wünschenswert, um zu verhindern, daß — da im übrigen der Begriff des „Außer-Verfolgung-Setzens" tunlichst weit gefaßt werden soll — auch die ein Strafverfahren aufgebende Tätigkeit der Staatsanwaltschaft als Außerverfolgungsetzung im Sinne unseres Gesetzes angesehen werde, worüber unten noch des näheren gehandelt werden soll.[2] „Gericht" im Sinne unserer Vorschrift ist, wie sich aus den Worten „außer Verfolgung setzen" ohne weiteres ergibt, das in der Hauptsache entscheidende Beschlußgericht, also insbesondere nicht — wie einmal im Reichstage fälschlich ausgeführt wurde[3] — der verhaftende Amtsrichter, der ja in Sachen der Strafverfolgung regelmäßig überhaupt keine Beschlüsse faßt[4],

[1] Mot. S. 8.

[2] S. 40 ff. dieser Abhandlung.

[3] Stenogr. Ber. 1904 23. Sitzung S. 656 A.

[4] Selbständig handelt in Sachen der Strafverfolgung — soweit es sich nicht um Schöffensachen handelt — der Amtsrichter nur gemäß § 163 Str.P.O.; jedoch auch hier gebührt der Staatsanwaltschaft die weitere Verfügung (§ 165 daselbst).

sondern lediglich Entscheidungen trifft, die sich auf die Haft als solche beziehen. Letzteres gilt auch dann, wenn jener Amtsrichter den Verhafteten ohne oder selbst gegen den Antrag der Staatsanwaltschaft als unverdächtig aus der Haft entläßt; denn auch in diesem Falle hat er eine Entscheidung über die Strafverfolgung nicht getroffen.[1]

Über den Inhalt des „Außerverfolgungsetzungs-Beschlusses" im einzelnen vgl. noch die näheren Ausführungen auf S. 54ff. dieser Abhandlung.

Wo aber ein solcher, das gesamte Verfahren beendigender Beschluß nicht vorliegt, da ist auch kein Raum für einen Entschädigungsanspruch vorhanden. Dies gilt insbesondere dann, wenn der Verhaftete seine Freilassung erreicht, bevor das in der Hauptsache zur Entscheidung berufene Gericht mit der Sache befaßt wurde, besonders also im staatsanwaltschaftlichen Ermittelungsverfahren. Eine Entscheidung des Staatsanwalts, durch welche das Verfahren zum Abschlusse gebracht wird, vermag einen Entschädigungsanspruch des unschuldig Verhafteten niemals zu begründen: insbesondere ist daher im Falle des § 168 Str.P.O. — der Einstellung durch den Staatsanwalt im Vorverfahren — der genannte Anspruch grundsätzlich ausgeschlossen. Die Bedeutung dieser Sätze verdient hier noch des näheren dargelegt zu werden.

Nach § 168 Str.P.O. erhebt die Staatsanwaltschaft die öffentliche Klage, wenn die angestellten Ermittelungen genügenden Anlaß zur Erhebung derselben bieten; fehlt dieser genügende Anlaß, so ist das Verfahren einzustellen (Abs. 2 das.). Nun ist es doch offenbar, daß die Staatsanwaltschaft insbesondere dann einstellen wird, wenn der Verdacht gegen den Verhafteten so schwach ist und so wenig Aussicht auf wirksame Durchführung einer Strafklage bietet, daß praktischerweise nicht einmal das Risiko der Anklage übernommen werden kann; an sich liegen darum gerade hier die Voraussetzungen zu einer Entschädigung für unschuldig erlittene Untersuchungshaft in allerhöchstem Maße

[1] Auch in Schöffensachen trifft der Amtsrichter in Sachen der Strafverfolgung Entscheidungen erst nach Erhebung der öffentlichen Klage; §§ 163, 165 Str.P.O. gelten nämlich auch hier.

vor. — Das Gesetz versagt jedoch eine Entschädigung in diesem Falle; es versagt ihn trotz der regelmäßig größeren Würdigkeit der im staatsanwaltschaftlichen Verfahren Freigelassenen; es versagt ihn, obwohl die Untersuchungshaft in diesem Verfahren vier volle Wochen hindurch dauern kann (vgl. § 126 Str.P.O.). Diese Tatsache muß um so mehr befremden, als der nämliche Angeklagte, falls ihn die Staatsanwaltschaft gemäß § 186 a. a. O. für genügend verdächtig zur Anklageerhebung erachtet und darum die Anklage erhoben hätte, einer Entschädigung sehr wohl teilhaftig werden konnte, wenn die Beschlußkammer ihn außer Verfolgung setzte. Dies alles führt zu dem eigentümlichen Resultat: je geringer der Verdacht, je weniger fundiert also die Untersuchungshaft — um so geringer auch die Aussicht auf Entschädigung! Nur der kann einer Entschädigung teilhaftig werden, gegen welchen wenigstens zeitweise ein etwas erheblicherer Verdacht bestand, dergestalt, daß wenigstens eine öffentliche Behörde die Sache zur Hauptverhandlung für reif erachtete! Wer nie so verdächtig war, insbesondere also der gänzlich Unschuldige, geht leer aus!

Eine Gegenüberstellung zur Illustration. Eine Entschädigung erhält nicht der Verhaftete, welcher materiell schuldlos vier Wochen in Untersuchungshaft sich befand und gegen den gleichwohl Anklage nicht erhoben wurde, so daß der verhaftende Amtsrichter den Haftbefehl nach Ablauf der vier Wochen gemäß § 126 Str.P.O. von Amts wegen wieder aufheben mußte. Eine Entschädigung erhält aber der Verhaftete, gegen den bereits eine Woche nach Erlaß des Haftbefehls das Hauptverfahren eröffnet wurde (wegen hinreichenden Verdachtes! § 201 Str.P.O.) und der eine weitere Woche später seine Freisprechung zu erzielen wußte, indem er den gegen ihn bestehenden Verdacht mit Erfolg zerstreute!

Man wird sich fragen, welches die Beweggründe waren, aus denen heraus eine derart eigentümliche Bestimmung getroffen werden konnte. Die Frage war eine der heiß umstrittensten in der ganzen Vorlage und hat einen beträchtlichen Teil der Beratungen in der Kommission und im Plenum des Reichstages in Anspruch genommen.[1] Die Gründe, welche von fast allen

[1] So insbesondere Stenogr. Ber. S. 650, 652, 658, 659, 2681, 2689 usw. Komm.Ber. S. 2 ff.

Parteien des Reichstages gegen eine derartige Einschränkung der Entschädigungsverpflichtung geltend gemacht wurden, waren im wesentlichen die folgenden:

1. Der schon oben angeführte: Erfahrungsgemäß seien diejenigen Angeschuldigten, gegen welche die Anklagebehörde selbst das Verfahren wegen mangelnder Belastungsmomente einstelle, die Unschuldigsten und deshalb zum Empfang einer Entschädigung Würdigsten[1].

2. Die durch das Gesetz bezweckte Regelung werde dem Volke unverständlich bleiben, deshalb Rechtsunsicherheit und damit Unzufriedenheit hervorrufen.

3. Auch werde der Staatsanwaltschaft die Möglichkeit gegeben, dem einen die Entschädigung zu verschaffen, dem andern, der vielleicht eine gleich lange Untersuchungshaft erlitten habe, dagegen abzuschneiden, indem sie im ersten Falle einen Gerichtsbeschluß herbeiführe, im zweiten selbst einstelle.

Hiergegen wurde seitens der Regierung geltend gemacht[2]:

a) Wenn eine Entschädigung auch gewährt werden solle für den Fall der staatsanwaltschaftlichen Einstellung, wer solle über die Entschädigung befinden? Übertrüge man diese Aufgabe der Staatsanwaltschaft selbst, so sei dem Entschädigungsanspruch der Charakter eines Rechtsanspruches genommen, und einen Rechtsanspruch wolle doch das vorliegende Gesetz gerade gewähren.

b) Wolle man aber ein Gericht über den Anspruch befinden lassen, welches Gericht solle das sein? Die Strafkammer kenne den Sachverhalt überhaupt nicht, und der verhaftende Amtsrichter sei meistenteils auch nicht besser unterrichtet; zudem führe ja die Staatsanwaltschaft keine Akten, aus denen dieses Gericht sich zwecks Entscheidung über den Anspruch, namentlich über die Frage der Unschuld[3] des Verhafteten informieren könne; ein besonderes Ermittelungsverfahren des Gerichtes, ob die Voraussetzungen des Entschädigungsanspruches vorlägen, falle aber aus dem Rahmen der Strafprozeßordnung.

---

[1] Vgl. auch Hamm, D.J.Z. 1904 S. 182; Winkler, Recht 8. Jahrg. S. 95.

[2] Komm.Ber. S. 3 f.

[3] Vgl. §§ 8, 9 dieser Abhandlung.

c) Die Einstellung durch die Staatsanwaltschaft bedeute keine endgültige Erledigung der Sache, da die Staatsanwaltschaft jederzeit die Untersuchung wieder aufnehmen könne, ohne daß es neuer Tatsachen und Beweismittel bedürfe.[1] Die Gewährung eines Rechtsanspruches könne daher leicht mit dem späteren Verlauf der Sache in Widerstreit geraten, dies aber leicht eine Verwirrung des Rechtsbewußtseins und eine Beeinträchtigung des Ansehens der Rechtspflege im Gefolge haben.

Zur Kritik dieser Gründe wurde bereits oben[2] betont, daß die Nichtentschädigung der im Vorverfahren Freigelassenen eine Verwirrung des Rechtsbewußtseins herbeizuführen geeignet ist und herbeiführen wird, eben darum, weil sie eine Ungerechtigkeit ist. Erkennt der Staat durch das vorliegende Gesetz einmal eine Rechtsverpflichtung an, für unschuldig erlittene Untersuchungshaft zu entschädigen, so erstreckt sich diese Verpflichtung auf alle Unschuldigen, welche Untersuchungshaft erlitten haben[3], also auch auf die im Vorverfahren Verhafteten. Das hat auch die Regierung selbst zugegeben und erklärt, es werde in den einzelnen Bundesstaaten für Mittel gesorgt werden, aus denen auch diese „verhafteten Unschuldigen“ im Falle ihrer Würdigkeit im Gnadenwege entschädigt werden könnten.[4] Es ist aber eine Rechtsungleichheit, eine Rechtspflicht aufzustellen und gleichzeitig einen Teil der hiernach Berechtigten auf den Weg der Gnade zu verweisen. Richtig ist, daß hieran nicht allzuviel geändert werden würde, wenn die Staatsanwaltschaft selbst den Anspruch zubilligen oder versagen könnte: in praxi würde dies allerdings einer Entscheidung im Gnadenwege bedenklich nahe kommen. Auf der anderen Seite ist freilich der Einwand nicht ganz von der Hand zu weisen, daß auch bei der jetzigen Regelung prinzipiell alles von dem Willen des Staatsanwaltes abhänge, da dieser die Entstehung des Anspruches je nach Belieben herbeizuführen oder zu verhindern in der

[1] Arg. e contr. aus §§ 172, 210 vbd. 168 Str.P.O.
[2] S. 41 dieser Abhandlung.
[3] Diese Begriffsbestimmung wurde oben (§ 5) gefunden.
[4] Mot. S. 8; Stenogr. Ber. S. 2671.

Lage sei[1]; nur wird man sich gegen die Ausführungen einiger Reichstagsabgeordneten, welche der Befürchtung Ausdruck gaben, die Staatsanwaltschaften würden von ihrer eigenen Einstellungsbefugnis im Interesse der Finanzen ihrer Staaten von nun an ausgiebiger Gebrauch machen, auf das entschiedenste verwahren müssen. — Die Schwierigkeiten sind offensichtlich zumeist im Verfahren begründet; namentlich jedoch scheinen es die oben zu b) und c) genannten Gründe gewesen zu sein, welche die Regierung zu ihrer ablehnenden Stellungnahme veranlaßt haben. Indessen hätte sich wohl auch hier ein Ausweg unschwer finden lassen, zumal es an Vorschlägen aus den Reihen der Theoretiker wie von Männern der Praxis nicht gefehlt hat. Dies gilt in erster Linie gegenüber dem Hinweise, daß das Verfahren durch eine Einstellungsverfügung des Staatsanwaltes nicht unter allen Umständen erledigt sei; hier hätte doch ohne große Schwierigkeit eine dem § 5 des Gesetzes entsprechende Vorschrift Aufnahme finden können! Aber auch die Frage, welches Gericht über das Vorliegen der Anspruchsvoraussetzungen entscheiden solle, würde sich vielleicht einer gedeihlichen Lösung haben zuführen lassen, zumal wenn man den Beschlüssen der Reichstagskommission in ihrer ersten Lesung gefolgt wäre, wonach dem verhaftenden Amtsrichter (§ 125 Abs. 2 Str.P.O.) die genannte Befugnis übertragen war.[2] Dieser Richter ist schon um deswillen zur Entscheidung in diesem Falle durchaus geeignet, weil er materiell in gewisser Beziehung zu der Sache selbst steht, insbesondere

[1] Oppler, Recht 8. Jahrgang S. 215 verlangt darum als „Ausgleich gegenüber dieser das ganze Vorverfahren bedrohenden Verschlechterung" eine Vermehrung der Fälle der notwendigen Voruntersuchung oder eine Verkürzung der Haftfrist des § 126 Abs. 2 Str.P.O.

[2] Die Kommission hatte in 1. Lesung zu § 4 folgenden Abs. 5 hinzugesetzt:

„Erfolgt die Einstellung des Verfahrens gemäß § 168 Abs. 2 Str.P.O., so entscheidet über die Verpflichtung zur Entschädigung der Amtsrichter, welcher den Haftbefehl erlassen hat (§ 125 Abs. 2 Str.P.O.). Die Staatsanwaltschaft legt zu diesem Zwecke die Akten mit ihrer Erklärung dem Gerichte vor. Der Beschluß usw."

Dieser Absatz fiel in 2. Lesung wieder, da ihn die Regierung für unannehmbar erklärte.

den Vorschriften der §§ 126, 125, 123 Str.P.O. — nach welchen er jederzeit das Nochvorhandensein der materiellen Voraussetzungen des Haftbefehls zu prüfen hat[1] — während der ganzen Dauer der Haft unterworfen ist. — Jedenfalls steht einer derartigen Regelung nicht der Einwand entgegen, daß die Staatsanwaltschaft keine Akten führe, die zur Grundlage dieser Entscheidung dienen müßten; denn auf Grund der staatsanwaltschaftlichen Akten müssen schon jetzt ergehen die Entscheidungen des Haftrichters (§§ 124, 125 Str.P.O.), die des Beschlußrichters im Falle des Fehlens der Voruntersuchung (II. Buch. 4. Abschn. d. Str.P.O.), sowie endlich die der Beschwerdeinstanzen und des Gerichtes im Falle des § 170 Str.P.O. — Was endlich den Einwand betrifft, es werde dadurch, daß der entscheidende Richter eventuell bezüglich der Voraussetzungen des Anspruches Beweise erheben müsse, ein fremdes Moment in das Strafverfahren hineingetragen, so sei einmal an das ähnliche Verfahren in § 170 Abs. 1, sowie an dasjenige des § 501 Abs. 2 Str.P.O.[2] erinnert, dann aber auch darauf hingewiesen, daß das Gesetz ohnedies unser Strafverfahren in manchen Punkten nicht unwesentlich beeinflußt, wie unten noch des näheren zu zeigen sein wird.[3]

Aus alledem ist zu bedauern, daß die Beschlüsse der Kommission in erster Lesung nicht Gesetz geworden sind. Der Umstand, daß, wie in den Beratungen des öfteren hervorgehoben wurde[4], nach der jetzigen Fassung wenigstens $^5/_6$ der verhafteten Unschuldigen entschädigt werden, kann demgegenüber nur wenig befriedigen.[5]

---

[1] Vgl. Löwe zu § 126 Note 3 und die dortige Literatur.

[2] Diese Vorschrift zieht auch Winkler, Recht 8. Jahrgang S. 95, heran.

[3] § 20 dieser Abhandlung.

[4] Stenogr. Ber. S. 647, 657; Komm.Ber. S. 3.

[5] Vgl. auch die Vorschläge von Birkmeyer in Nr. 169 der Münchener Neuesten Nachrichten 1904; Hamm, D.J.Z. 1904 S. 183 schlug de lege ferenda vor, an § 168 Abs. 2 folgenden Abs. 3 anzuschließen: „Der Beschuldigte kann in einer Woche von dem Tage ab, an welchem er von der Einstellung des Verfahrens in Kenntnis gesetzt worden ist, von der Staatsanwaltschaft verlangen, daß sie Eröffnung der Voruntersuchung gegen ihn beantrage, in den zur Zuständigkeit der Schöffengerichte gehörigen Sachen, daß sie Anklage gegen ihn erhebe."

Es steht zu hoffen, daß die bevorstehende Strafprozeßreform diesen wesentlichsten Mißstand beseitigen oder doch wenigstens abschwächen möge.[1]

§ 8.
Unschuld. Begründeter Verdacht.

Wenn das Gesetz den freigesprochenen oder durch Beschluß des Gerichtes außer Verfolgung gesetzten Personen Entschädigung für erlittene Untersuchungshaft gewährt, so tut es dies doch nur unter einer bedeutenden Einschränkung: es entschädigt diese Personen lediglich dann, wenn das Verfahren ihre Unschuld ergeben oder doch dargetan hat, daß ein begründeter Verdacht gegen sie nicht mehr vorliegt (§ 1 Abs. 1). Bei Besprechung der Terminologie „unschuldig erlittene Untersuchungshaft“ wurde bereits hervorgehoben, daß sich das Wort „unschuldig“ nicht auf die Untersuchungshaft als solche beziehe, weshalb der Titel des Gesetzes korrekter hätte lauten müssen: „Entschädigung Unschuldiger für erlittene Untersuchungshaft.“ Auch in dieser Formulierung wurde bereits zum Ausdrucke gebracht, daß nicht den Freigesprochenen und außer Verfolgung Gesetzten als solchen Entschädigung gewährt werden soll, sondern nur den Unschuldigen unter ihnen.[2]

Ohne weiteres ergiebt sich hieraus zunächst, daß das Gesetz die Freigesprochenen und außer Verfolgung Gesetzten schlechtweg in zwei Klassen teilt; es unterscheidet zwischen solchen, deren Unschuld sich im Verfahren ergeben hat oder bezüglich derer jeder begründete Verdacht zerstreut ist — und auf der anderen Seite zwischen solchen, deren strafrechtliche Verfolgung der Staat zwar aufgiebt, von deren Schuld er jedoch auch weiterhin überzeugt bleibt, gegen welche er zum mindesten noch begründeten Verdacht hegt. — Die genannte Scheidung findet sich in der neueren

---

[1] Vgl. auch die Resolution des Reichstages zu unserem Gesetze (Kommissionsber. S. 30; Stenogr. Ber. S. 2893).

[2] Und den diesen in § 1 des Gesetzes Gleichgestellten. Nach dieser Richtung hin müßte der Titel des Gesetzes vollständig lauten: „Entschädigung Unschuldiger und Unverdächtiger für erlittene Untersuchungshaft.“

Reichsgesetzgebung bezüglich der Freigesprochenen bereits in § 1 des Ges. betr. die Entschädigung der im Wiederaufnahmeverfahren freigesprochenen Personen, vom 20. Mai 1898; diesem entstammen auch die Terminologieen „Unschuld“ und „begründeter Verdacht“, welche unverändert in unser Gesetz übergegangen sind.

Die eigenartige Bedeutung dieser Zweiteilung ist hier in kurzem darzulegen.

Festzustellen ist zunächst, daß dieselbe dem System der Strafprozeßordnung völlig fremd ist. Die Strafprozeßordnung regelt für das Deutsche Reich das Verfahren in Strafsachen; Zweck des Strafverfahrens aber ist es, festzustellen, ob ein staatlicher Strafanspruch gegen den Beschuldigten vorhanden ist oder nicht. Da jedoch ein staatlicher Strafanspruch nur zur Entstehung gelangen kann, wenn die Schuld des zur Rechenschaft Gezogenen sich erweist, so erschöpft sich der Inhalt des Strafprozesses schließlich in der Feststellung der Schuld dieses Angeklagten. Es handelt sich also nur um die Frage: Ist der Angeklagte schuldig? Wird dies bejaht, so gelangt der staatliche Strafanspruch gegen ihn zur Feststellung; anderenfalls erreicht die Strafverfolgung und damit das ganze Verfahren ein sofortiges Ende.

Es liegt auf der Hand, daß der Staat nur strafen kann, wenn er zu einer Überzeugung von der Schuld des Angeklagten gelangt ist. Auf Grund von Empfindungen oder unbestimmten Vermutungen kann eine Verurteilung niemals erfolgen. Zu einer Freisprechung genügt also bereits, daß der Richter von der Schuld des Angeklagten nicht überzeugt ist; daraus folgt jedoch noch lange nicht, daß er nun auch von der Unschuld dieses Angeklagten überzeugt sein müsse. In einem hohen Prozentsatz der Fälle wird er vielmehr gerade hier den bereits vorhandenen Verdacht der Täterschaft gegen den Angeklagten weiter hegen und nur darum zur Freisprechung gelangen, weil dieser Verdacht zu einer Überzeugung sich nicht verdichtet hat. Die Freisprechung bedeutet darum nicht den richterlichen Ausspruch, daß der Angeklagte unschuldig sei, sondern lediglich diesen, daß der Angeklagte nicht schuldig, d. h. nicht so schuldig erscheine, daß ein staatlicher Strafanspruch gegen ihn hätte zur Entstehung gelangen können.

Das Gesagte ergiebt sich auch aus dem Wortlaut der Strafprozeßordnung selbst. Wenn § 266 Abs. 4 das. bestimmt, daß die Gründe des freisprechenden Urteils ergeben müssen, ob (und weshalb) der Angeklagte für „nicht überführt" erachtet wird, so bringt diese Vorschrift deutlich zum Ausdruck, daß es sich im Strafverfahren lediglich um die „Überführung" des Angeklagten, um den Nachweis seiner Schuld handelt — daß aber darum zu einer Freisprechung desselben bereits die „Nicht-Überführung" genügt, ohne daß erst der Nachweis seiner Unschuld erforderlich wäre. —

Das Gesetz geht, in gleicher Weise wie das Parallelgesetz vom 20. Mai 1898, in der bezeichneten Hinsicht über die Strafprozeßordnung hinaus. Es verlangt den Nachweis der Unschuld, zum mindesten die Beseitigung jedes begründeten Verdachtes. Hier ist zunächst eingewendet worden [1], daß die genannte Teilung eine Art von absolutia ab instantia in den modernen Strafprozeß wieder einführe [2] und darum dem grundlegenden § 259 Str.P.O. zuwiderlaufe; ein derartiger Hinweis ist in dieser Fassung jedoch verfehlt. [3] Es hat, wie allgemein anerkannt ist, § 259 a. a. O. durch die Fassung: „Das Urteil kann nur auf Freisprechung, Verurteilung oder Einstellung lauten" die einstweiligen Freisprechungen des inquisitorischen Prozesses — die absolutia ab instantia etc. — ausschließen wollen [4]; aber von einer einstweiligen Freisprechung kann doch in unserem Falle nun und nimmer die Rede sein. Die Freisprechung oder Außerverfolgungsetzung ist, auch wenn der Richter nichts weniger als von der Unschuld des Angeklagten bezw. Beschuldigten überzeugt ist, gleichwohl eine endgültige; abgesehen von der Möglichkeit der Rechtsmitteleinlegung ist ein neues Verfahren bei der Freisprechung

---

[1] Stenogr. Ber. S. 651 u. v. a. Vgl. auch die Beratungen zu dem Gesetz von 1898.

[2] In der Literatur vgl. neben vielen anderen auch BRUNNER, Allg. Österr. Ger.Ztg. 55. Jahrg. Nr. 15 S. 115.

[3] Dies betonen auch KÖHLER, G.Saal Bd. 64 S. 356; KULEMANN, G.Saal Bd. 51 S. 116 f. Letzterer hält eine derartige Vergleichung geradezu für „Verwirrung der Begriffe".

[4] Vgl. LÖWE zu § 259 Note 4; BINDING § 85 III 1 vbd. § 113 IV.

nur durch Wiederaufnahme des Verfahrens[1], bei der Außerverfolgungsetzung nur durch „Wiederaufnahme der Klage" (§ 210 Str.P.O.) denkbar. Von einer Vorläufigkeit der Entscheidung kann darum in diesen Fällen keine Rede sein.[2]

Immerhin läßt sich eine Heranziehung der absolutio ab instantia in gewissem Sinne aus Folgendem rechtfertigen. Die absolutio ab instantia hatte zur Voraussetzung, daß der urteilende Richter einerseits zur Verurteilung nicht kommen konnte, anderseits aber eine Überzeugung von der Unschuld des Angeklagten nicht erlangte. Daher lastete auf dem ab instantia absolutus der soziale Makel des Verbrechers auch nach der Freisprechung weiter fort, indem der Freigesprochene von der Volksstimme nach wie vor als schuldig bezeichnet, in der Meinung der Gesamtheit also von dem wirklich Verurteilten nur dadurch unterschieden wurde, daß er eine Strafe nicht verbüßt hatte.

Und hier ist nun eingesetzt und erklärt worden: Genau so wird es den Freigesprochenen gehen, die keine Entschädigung erhalten. Wie der von der Instanz Freigesprochene vor der Welt durch Gerichtsspruch als noch verdächtig, jedenfalls als „nicht unschuldig" bezeichnet wurde, so wird der Freigesprochene oder außer Verfolgung Gesetzte, der eine Entschädigung nicht erhält, mit dem Makel des Verbrechers weiter behaftet durchs Leben gehen; ist die Freisprechung auch eine endgültige, sie bleibt stets eine unvollständige und den Grundsätzen der Strafprozeßordnung zuwiderlaufende. Man wird die Bedeutung dieser Einwände zu prüfen haben.

In der Theorie ist unsere Frage stets bestritten gewesen. Sowohl auf den Juristentagen als in den Verhandlungen des Reichstages in den 80er Jahren, als endlich auch in der zahlreichen Literatur haben sich gleichmäßig zwei Meinungen gegenübergestanden, von welchen die eine alle Freigesprochenen,

---

[1] welche Binding § 120 I sogar mit unter die Rechtsmittelverfahren zählt.

[2] Vgl. auch v. Schwarze, G.Saal Bd. 34 S. 134: „Die Bedeutung der Freisprechung für die Konsumtion der Anklage wird nicht dadurch beseitigt, daß man die Frage nach den Gründen aufwirft." — „Der definitive Charakter der Freisprechung wird nicht in Zweifel gezogen; die Untersuchungshaft und die Entschädigungsfrage sind von ihr völlig unabhängig."

die andere nur die Unschuldigen entschädigen wollte.[1] Zur Begründung der ersteren Ansicht wurde regelmäßig angeführt:

1. Eine Teilung der Freigesprochenen in zwei Klassen empfehle sich nicht, aus dem oben angeführten Grunde; wenn jemand einmal freigesprochen werde, gleichviel aus welcher Ursache, so solle jeder Makel von ihm genommen werden;

2. die Zweiteilung habe notwendig ein besonderes Verfahren zur Feststellung der „Unschuld" im Gefolge; dasselbe könne nur im Anschluß an den Strafprozeß vor sich gehen, aber eben dadurch werde ein neues Moment in das Strafverfahren hineingetragen, weil die Feststellung der Unschuld des Angeklagten Gegenstand dieses Strafverfahrens bisher nicht gewesen sei.

Dagegen wurde von der anderen Seite angeführt:

1. Eine gewisse Zweiteilung der Freigesprochenen bezüglich der Frage der Schuld sei schon jetzt vorhanden, insofern als die Gründe des Urteils, die öffentlich verkündet würden[2], erkennen ließen, ob der Angeklagte wegen erwiesener Unschuld oder lediglich aus Mangel an Beweisen freigesprochen sei[3]; auch statuiere § 499 Abs. 2 Str.P.O. eine solche Zweiteilung, indem er dem Richter lediglich eine Befugnis, nicht aber eine Pflicht auferlege;

2. die Gewährung einer Entschädigung an alle Freigesprochenen widerstrebe dem Interesse der Strafrechtspflege; denn die Allgemeinheit „erblicke in der Freisprechung allein noch nicht die Berechtigung zu einer Ersatzforderung"[4], sondern betrachte als Grundlage dieser Forderung allein die erwiesene Unschuld des Verhafteten. Sei also jemand nur wegen „non liquet" freigesprochen, so dürfe er eine Entschädigung nicht

[1] Für die erstere Ansicht vgl. neuerdings z. B. den Komm.Ber. S. 6; für die letztere Mot. S. 5. Vgl. auch den Stenogr. Ber. des Reichstages S. 649, 654, 674, 688 u. a.

[2] § 267 Str.P.O. vbd. § 174 G.V.G. (Ausnahme Abs. 2 letzterer Vorschrift).

[3] Gleichwohl will das Gesetz — ebenso wie das Parallelgesetz von 1898 — ausdrücklich vermeiden, daß der Angeklagte durch eine solche Verkündung mit einem Makel behaftet bleibt; daher die Vorschrift des § 4 Abs. 3. Vgl. unten S. 107 dieser Abhandlung.

[4] So v. Schwarze, G.Saal Bd. 34 S. 130.

erhalten; eine Entschädigung auch eines solchen würde eine Verwirrung des Rechtsbewußtseins und damit eine Schädigung des Ansehens der Rechtspflege zur notwendigen Folge haben.

Der Gesetzgeber hatte, indem er sich für die eine oder die andere Ansicht entschloß, zu wählen, ob er mit der Ausdehnung auf alle Freigesprochenen auch solche Personen, die offenbar schuldig, aber nicht überführt die Anklagebank verließen, entschädigen wollte, — oder ob er durch Beschränkung des Entschädigungsanspruches auf die Unschuldigen dem Strafverfahren einen neuen und eigenartigen Bestandteil beigeben wollte.[1] Das Gesetz vom 20. Mai 1898 hat sich für die zweite Alternative entschlossen und unser Gesetz ist ihm hierin gefolgt.

Nach beiden Gesetzen werden zunächst entschädigt die Unschuldigen. Da die Motive in jedem Falle schweigen, wird die Aufgabe, eine Begriffsbestimmung zu geben, der Wissenschaft und der Praxis überlassen. Hier erscheint es angezeigt, die frühere Literatur, soweit sie bezüglich der vorliegenden Frage auf dem Standpunkte unseres Gesetzes stand, zur Begriffsbestimmung heranzuziehen.

v. Schwarze[2] will, in teilweiser Anlehnung an Ullmann[3] und Meyer[4], die Unschuld des Freigesprochenen in folgenden Fällen als vorliegend annehmen:

a) wenn sich ergiebt, daß die in Rede stehende Handlung überhaupt nicht begangen worden ist;

b) oder wenn sich ergiebt, daß nicht der Angeklagte sie begangen hat;

c) oder wenn sich ergiebt, daß die Handlung überhaupt kein Delikt im Sinne des Strafgesetzbuches darstellt.[5]

---

[1] Siehe unten § 20 dieser Abhandlung.

[2] G.Saal Bd. 34 S. 100 ff., besonders S. 130 ff.

[3] 11. D.J.T. Bd. 1 S. 87 ff., insbesondere S. 90.

[4] 11. D.J.T. Bd. 2 S. 171 ff., insbesondere S. 177.

[5] Bei Ullmann a. a. O. fehlt der Fall a).

Meyer a. a. O. steht auf der Irrtumstheorie (S. 17 dieser Abhandlung). Er führt aus: „Die Unschuld des Verhafteten muß feststehen; es muß also ein Irrtum des die Untersuchung eröffnenden oder führenden Richters feststehen; ein solcher Irrtum kann aber in jure oder in facto vorliegen.

I. Wenn der Richter in jure irrt, muß der Angeklagte entschädigt

In den Fällen zu a) und b) sind die Grundlagen der Unschuld tatsächlicher, im Falle c) sind sie rechtlicher Natur.[1] Unsere Betrachtung wird sich zweckmäßig zunächst mit den beiden ersten beschäftigen, um erst im nächsten Paragraphen zu Fall c) zurückzukehren.

Bezüglich des Falles a) und b) ist die Ansicht v. SCHWARZES auch für den Begriff unserer Gesetze unbedenklich zu akzeptieren. Wenn sich ergibt, daß die angeblich begangene Handlung des Verhafteten nichts anderes als ein bösartiges Hirngespinst eines Denunzianten ist oder daß die angeblich „gestohlene", in Wirklichkeit nur „verlegte" Sache sich wieder aufgefunden hat (Fälle zu a); desgleichen wenn der Angeklagte sein Alibi nachweisen kann oder wenn ein Zeuge die im Vorverfahren erklärte Wiedererkennung des Verhafteten im Hauptverfahren eidlich und glaubhaft für irrig erklärt (Fälle zu b), so kann die Unschuld des Verhafteten, falls nicht besondere Umstände entgegentreten, für völlig bewiesen gelten.

Dieser Nachweis wird aber in den meisten Fällen nicht in so strikter Weise, wie zu a) und b) gefordert wird, zu erbringen sein. Damit nun nicht einer großen Zahl wirklich Unschuldiger, bezüglich derer nur ein positiver Beweis der Unschuld nicht hat geführt werden können, eben um deswillen ein Entschädigungsanspruch versagt bleiben muß, hat die für das Gesetz vom 20. Mai 1898 bestellte Reichstagskommission einen Entschädigungsanspruch auch denjenigen Freigesprochenen gewährt, bezüglich derer „das Verfahren dargetan hat, daß ein begründeter Verdacht gegen sie nicht mehr vorliegt" und dieser Begriff ist

---

werden; denn der Angeklagte kann doch nicht die Folgen des Rechtsirrtums des Richters tragen;

II. Wenn der Richter in facto irrt, so sind zwei Fälle zur Entschädigung geeignet:

a) die Tat ist überhaupt nicht begangen (Widerlegung des objektiven Tatbestandes);

b) Angeklagter hat die Tat nicht begangen und kann sie nicht begangen haben (Widerlegung des subjektiven Tatbestandes)."

MEYER läßt also in den zu I. und II. genannten Fällen Unschuld vorliegen; sachlich stimmen diese Fälle mit denen v. SCHWARZES überein.

[1] So MEYER a. a. O. (vorige Anmerkung).

in jenes Gesetz selbst und von da in das vorliegende übergegangen.

Mit dem Begriffe „begründeter Verdacht“ haben die Gesetze einen neuen Grad des Verdachtes nicht aufstellen, namentlich einen Gegensatz zu den Begriffen des „hinreichenden“ Verdachtes in § 201 und des „dringenden“ Verdachtes in § 112 Str.P.O. nicht statuieren wollen. Sind nach Löwe[1] bereits die genannten Begriffe der Strafprozeßordnung sich nicht entgegengesetzt, vielmehr jeder aus sich selber heraus zu erklären, so soll mit dem Begriffe „begründeter Verdacht“, unabhängig von jenen vorgenannten Gesetzesausdrücken, „jeder Verdacht“ getroffen werden, „der auf tatsächlichen Unterlagen und nicht auf vagen Mutmaßungen beruht, und eben deshalb allein für strafprozessuale Maßnahmen in Betracht kommen kann“.[2] Ähnlich will Löwe — zu dem Parallelgesetz von 1898[3] — „begründeten Verdacht“ nicht als vorliegend annehmen, „wenn erhebliche Verdachtsgründe gegen den Angeklagten nicht mehr vorhanden sind“. Wille und Sinn der Gesetze ist jedenfalls der: einerseits soll bloße Freisprechung nicht genügen, andererseits aber der positive Nachweis der Unschuld nicht erforderlich sein; es genügt bereits, wenn der Richter von der Unschuld des Angeklagten dergestalt überzeugt ist, daß er einen Verdacht von Erheblichkeit gegen ihn nicht mehr zu hegen vermag.

Es könnte nun noch die Frage aufgeworfen werden: Weshalb die Doppelterminologie „Unschuld“ und „begründeter Verdacht“ in unseren Gesetzen? Schließt nicht vielmehr die Wendung „wenn dargetan ist, daß ein begründeter Verdacht nicht vorliegt“ den Satz: „wenn die Unschuld dargetan ist“ begrifflich mit in sich? — Hier ist zu entgegnen, daß unser Gesetz sich der Terminologie des Gesetzes von 1898 anschließen mußte, wenn nicht die Befürchtung hervorgerufen werden sollte, es werde im Wege des argumentum e contrario ein Gegensatz zwischen beiden Gesetzen von der Rechtsprechung konstruiert werden, der nicht

[1] Zu § 112 Note 3a.

[2] So im wesentlichen die Regierungen in der Kommission (Komm.Ber. S. 7 zu unserem Gesetze).

[3] A. a. O. zu § 1 Note 1b.

beabsichtigt ist. Indes ist auch der Sache nach die Doppelterminologie gerechtfertigt, insofern sich der Begriff „begründeter Verdacht" eben nur auf die oben genannten Fälle tatsächlicher Art (Buchstabe a) und b), schwerlich aber auch auf Fall c) erstrecken soll, wie auch die Regierung in der Reichstagskommission ausgeführt hat.[1] Es empfahl sich daher eine Besprechung jenes Begriffes bereits an dieser Stelle, während über den a. a. O. zu c) genannten Fall der „Unschuld", auf welchen der Begriff sich nicht mit bezieht, erst im nächsten Paragraphen gehandelt werden soll.

§ 9.
Fortsetzung.

Nach den Ausführungen des vorigen Paragraphen erübrigt es noch, den bei der obigen Besprechung des Begriffes „Unschuld" zunächst beiseite gelassenen Fall c zu behandeln, an den sich wichtige Ausführungen knüpfen. v. Schwarze wollte daselbst Unschuld annehmen nicht nur, wenn sich ergibt, daß die Tat nicht getan ist oder daß der Angeklagte sie nicht begangen hat, sondern auch, wenn sich herausstellt, daß die begangene Handlung eine strafbare Handlung im Sinne des Strafgesetzbuches nicht darstellt.

Er sagt zur Begründung dieser seiner Ansicht[2]: „Dem Staate steht in allen Fällen ein Anspruch auf die Bestrafung des Täters nicht mehr zu; der Angeschuldigte kann und darf nicht bestraft werden; strafrechtlich ist die Tat nicht mehr vorhanden." Aus diesem Grunde soll Unschuld des Angeklagten generell angenommen werden, beispielsweise wenn die Strafverfolgung wegen Verjährung oder wegen Fehlens des (auch später nicht nachgebrachten) Strafantrages aufgegeben wird; ingleichen wenn die Tat nach dem zur Zeit der Verhaftung geltenden Gesetze wohl strafbar, nach dem zur Zeit der Verurteilung geltenden aber straflos ist und deshalb das Strafverfahren mit Notwendigkeit sein Ende erreicht.[3]

Beide Entschädigungsgesetze nehmen zu dieser Frage einen völlig abweichenden Standpunkt ein. Während die Motive zu dem Gesetze von 1898 schweigen, erklärt die Begründung zu

[1] Komm.Ber. S. 11. [2] A. a. O. S. 129 f. [3] v. Schwarze a. a. O.

unserem Gesetze[1], „es bedürfe keiner Hervorhebung, daß bloße Strafausschließungsgründe (im Gegensatz zu Schuldausschließungsgründen) und der bloße Mangel an Voraussetzungen oder Bedingungen der Strafverfolgung nicht geeignet seien, die Unschuld und damit einen Anspruch auf Entschädigung zu begründen.“ — Als Grund hierfür wird angeführt: es würde der Billigkeit nicht entsprechen, Entschädigung an Personen zu gewähren, welche an sich strafwürdige Handlungen begangen haben und nur deshalb freigesprochen werden, weil Umstände vorliegen, welche die Straflosigkeit begründen oder die Strafverfolgung ausschließen.[2]

Offensichtlich ist hiernach, daß die Ansicht v. Schwarzes, wonach in diesen Fällen grundsätzlich Unschuld anzunehmen sein soll, weil eben der Staat zu Unrecht verfolgt habe, in den Gesetzen nicht akzeptiert worden ist. Sie widerspricht namentlich dem System unseres Gesetzes, das ja auch nicht entschädigt, wenn der Staat zu Unrecht verhaftet hat[3], sondern nur einem solchen Entschädigung gewähren will, gegen den bezüglich der ihm vorgeworfenen Handlungsweise vom Standpunkte nicht allein des Strafrichters, sondern — wie unten noch näher zu zeigen sein wird[4] — ganz allgemein vom Standpunkt der Moral ein Einwand nicht erhoben werden kann. Und da in allen diesen Fällen, welche einer eingehenderen Besprechung unten[5] noch unterzogen werden sollen, äußerst häufig der Staat die Strafverfolgung nur aufgeben wird, weil er es kraft positiver Vorschrift muß, gleichwohl aber von der moralischen Verwerflichkeit des Tuns des Angeklagten überzeugt bleibt, so würde der Standpunkt von Schwarzes, auch wenn die Motive schwiegen, als dem Sinn des ganzen Gesetzes zuwiderlaufend unter keinen Umständen für dasselbe angenommen werden dürfen.[6] Liegt danach einerseits

---

[1] Mot. S. 6. [2] Mot. a. a. O.

[3] Vgl. § 5 dieser Abhandlung.

[4] § 11 dieser Abhandlung.

[5] S. 78 f. dieser Abhandlung.

[6] Winkler, Recht 8. Jahrgang S. 95 meint, daß in diesen Fällen die materielle Schuldfrage ganz außer Betracht bleiben müsse; hier habe der Verhaftete stets Unrecht erlitten, weil das Strafverfahren von vornherein oder rückwirkend ungesetzlich gewesen sei. — Inhaltlich steht Winkler damit auf dem Standpunkt v. Schwarzes.

in allen diesen Fällen nicht notwendig Unschuld vor, so darf aber auch umgekeht nicht notwendig Schuld als generell vorliegend erachtet werden. Letzteres tun — zu dem Gesetze von 1898 — LÖWE[1], LESSING[2], WOERMANN[3] und ROMEN[4]; LÖWE führt zur Begründung aus, daß in diesen Fällen (abgesehen von § 55 Str.G.B.s, s. u.) ja in der Sache selbst nicht erkannt werde, darum auch Unschuld nie festgestellt werden könne. Diese Ansicht ist aber, namentlich für unser Gesetz, in keiner Weise zu halten.

Sehr treffend drücken sich hier die Motive aus.[5] Sie sagen: „bloße Strafausschließungsgründe und der bloße Mangel an Voraussetzungen oder Bedingungen der Strafverfolgung sollen die Unschuld nicht begründen können“, und weiter: „Entschädigung soll nicht gewährt werden, wenn nur deshalb freigesprochen wird, weil Umstände vorliegen, welche die Straflosigkeit begründen oder die Strafverfolgung ausschließen.“ Das scheint, anders ausgedrückt, dies zu bedeuten: Das Vorliegen aller solcher Momente begründet — mit einzelnen bei der unten folgenden Einzeldarstellung voranzustellenden Ausnahmen — an sich weder die Unschuld noch die Schuld. Es ist vielmehr auch hier, unter gleicher Würdigung aller in Betracht kommenden Umstände, zu prüfen: ist der Angeklagte unschuldig oder liegt noch ein begründeter Verdacht gegen ihn vor? Stellt sich danach heraus, daß gegen den Angeklagten in allen diesen Fällen die Strafverfolgung nur um deswillen aufgegeben wird, weil Umstände vorliegen, welche die Straflosigkeit begründen oder die Strafverfolgung ausschließen, daß er aber im übrigen schuldig ist, so geht er der Entschädigung verlustig; erweist sich aber seine Unschuld oder fällt jeder begründete Verdacht gegen ihn fort, so ist nicht abzusehen, weshalb er, auch wenn eine Entscheidung in der Sache selbst nicht ergeht, eine Entschädigung nicht erhalten sollte! — Dieses Resultat entspricht auch der

---

[1] Gesetz von 1898 zu § 1 Note 1a.

[2] S. 40 ff.

[3] S. 47 ff.

[4] Gesetz von 1898 § 1 Note 3b; Gesetz von 1904 § 1 Note 4b.

[5] S. 6.

Billigkeit. Die Freisprechung aus den genannten Gründen, die das Gesetz als eine Wohltat gedacht hat, würde anderenfalls einem Unschuldigen einen empfindlichen Nachteil bereiten.[1]

Es könnte hier noch der Einwand erhoben werden, daß in § 1 des Gesetzes lediglich von „Freisprechung" gehandelt wird, die „Einstellung" des Verfahrens durch Urteil gemäß § 259 Str.P.O.[2] aber unberücksichtigt bleibt. Wenn hieraus der Schluß gezogen werden sollte, daß in diesem Falle[3] eine Entschädigung prinzipiell versagt werde, so ist dies aus folgenden Erwägungen heraus nicht zutreffend: Eine Entschädigung wird gewährt bei jeder Außerverfolgungsetzung durch Gerichtsbeschluß, also auch bei einer solchen, die auf Rechtsgründen beruht (§ 202 Abs. 1 Str.P.O.); eine Entschädigung wird daher — vorausgesetzt, daß nur die übrigen Erfordernisse des Entschädigungsanspruches vorliegen — prinzipiell auch nicht versagt, wenn die Eröffnung des Hauptverfahrens wegen Mangels des Strafantrages[3] abgelehnt wird[4]; nun wäre es aber doch widersinnig, die Gewährung des Ersatzanspruches später, wenn sich der Mangel erst in der Hauptverhandlung herausstellt, prinzipiell mit der Begründung abzulehnen, es liege ja keine „Freisprechung", sondern eine „Einstellung des Verfahrens" vor. Wenn oben S. 38 f. ausgeführt werden konnte, daß der Begriff des „Außerverfolgungssetzens durch Gerichtsbeschluß" möglichst weit gefaßt werden dürfe und solle, so bewirkt eine derartige Ausdehnung naturgemäß auch eine begriffliche Erweiterung des Freisprechungsbegriffes

---

[1] Man denke zur Erläuterung an folgendes grundlegende Beispiel: Es stellt sich heraus, daß der Strafantrag von einer falschen Person gestellt ist, aber zugleich, daß nicht der verhaftete A, sondern B der Täter war.

[2] Desgl. der in der Praxis vielfach verwendete, auch theoretisch gestützte Urteilstenor „Erklärung der Strafverfolgung für unzulässig" (siehe Anm. 1 S. 58).

[3] Und in den Anm. 2 in Bezug genommenen Fällen.

[4] Auch bei Möglichkeit nachträglicher Antragstellung ist ein Entschädigungsbeschluß zu fassen. Denn die Antragstellung steht im Belieben des Antragstellenden; es wäre aber unbillig, wenn man dem unschuldigen Verhafteten eine Entschädigung um deswillen versagen wollte, weil eine nachträgliche Antragstellung möglich sei. Vgl. hierzu den parallelen Fall auf S. 66 dieser Abhandlung, Buchst. f) a. E.

dergestalt, daß dieser die gesamte, der Tätigkeit des Beschlußgerichtes entsprechende, die Strafverfolgung durch Urteil aufgebende Tätigkeit des erkennenden Richters umfaßt.[1]

Wenden wir uns nunmehr zur Betrachtung der einzelnen Möglichkeiten, in denen das Aufgeben der Strafverfolgung aus einem anderen Grunde erfolgt, als weil die Schuld des Angeklagten („Schuld“ im engsten Sinne verstanden) nicht festgestellt werden kann.

Dabei ist vorweg zu bemerken: Einzelne dieser Fälle sind so geartet, daß allein aus der Natur des Falles heraus die Schuld oder die Unschuld des Angeklagten sich erweist; in diesen

---

[1] Auch dieses Resultat entspricht der Billigkeit.

Es sei darauf hingewiesen, daß nur in § 259, allenfalls in § 500 Str.P.O. eine bestimmte Fassung des Urteilstenors vorgesehen ist, während bei den sonstigen hier in Rede stehenden Fällen zumeist unausgeglichener Streit bezüglich der Fassung herrscht — es ist aber nicht angängig, den Angeklagten unter diesem Streite leiden zu lassen.

Der Text hält mit Binding § 113 I die Einteilung der Urteile durch § 259 Str.P.O. für schlechterdings erschöpfend und stimmt Binding auch darin bei, daß § 259 „ganz unvollständig ist bezüglich der Gründe der Einstellung“. Es erschien jedoch angezeigt, anmerkungsweise des in Theorie und Praxis vielfach verwendeten Urteilstenors, durch welchen die Strafverfolgung für unzulässig erklärt wird, zu gedenken. Denn bei den meisten, hier in Rede stehenden Fällen wird diese Tenorierung von einzelnen Schriftstellern angewendet.

Im einzelnen sind hier folgende Ansichten vertreten:

1. **Wenn die Tat im Ausland begangen und im Inland nicht strafbar ist:** Unzulässigkeit der Strafverfolgung (Löwe zu § 259 Note 4), desgl. **wenn res judicata vorliegt.**

2. **Wenn der Täter das 12. Lebensjahr nicht vollendet hatte:** Unzulässigkeit der Strafverfolgung nach Löwe § 259 Note 4; Einstellung nach Olshausen S. 253; Freisprechung nach Glaser Bd. 2 S. 545.

3. **Fall der Verjährung:** Unzulässigkeit der Strafverfolgung nach Löwe zu § 259 Note 4, Stenglein daselbst Note 2; Einstellung nach Dalcke S. 171, Puckelt S. 324, Olshausen S. 301; Freisprechung nach Keller S. 317, Binding § 113 I, Glaser II S. 545.

Die Notwendigkeit einer weiten Auslegung des Freisprechungsbegriffes ist bereits nach diesen Beispielen offenbar. Vgl. neuerdings noch Bozi, Recht 8. Jahrgang S. 135.

Fällen erübrigt sich also eine Prüfung der Unschuldfrage.[1] Sie seien hier kurz vorweggenommen:

I. Unschuld liegt keinenfalls vor und ein Entschädigungsbeschluß ist darum ausgeschlossen, wenn auf Straffreiheit im Sinne der §§ 199, 233 Str.G.B.s (vbd. § 500 Str.P.O.) erkannt ist; denn die Grundlage dieser Straffreiheit ist beiderseitige erwiesene Schuld.

II. Unschuld liegt jedenfalls vor und ein Entschädigungsbeschluß hat darum zu ergehen, wenn die zur Untersuchung gezogene Tat des Verhafteten unter kein Strafgesetz fällt (vgl. auch § 178 Abs. 1 Str.P.O., letzter Fall).[2] Dem stehen die Fälle gleich, in denen Freisprechung erfolgt, weil die Tat zur Zeit der Begehung straflos war, zur Zeit der Verurteilung aber ein Delikt darstellt — und umgekehrt: weil die Tat zur Zeit der Begehung strafbar war, zur Zeit der Verurteilung aber straflos ist (§ 2 Abs. 1 und 2 Str.G.B.s).[3]

III. Unschuld liegt auch vor, wenn die Handlung zwar begangen ist, aber ein Schuldausschließungsgrund vorliegt

---

[1] Im Falle der Schuld ist überhaupt kein Beschluß zu erlassen. Im Falle der Unschuld erübrigt sich lediglich die Prüfung dieser Frage; das Vorhandensein der übrigen Voraussetzungen des Entschädigungsanspruches (vgl. § 6 dieser Abhandlung) ist noch zu prüfen.

[2] Auf diesem Standpunkt steht das Gesetz zweifellos. Es ergibt sich dies insbesondere aus § 2 Abs. 2 des Gesetzes, wo dasselbe eine Entschädigung versagt auch in Fällen, wo gegen ein Strafgesetz nicht verstoßen worden ist (siehe § 11 dieser Abhandlung). Diese Bestimmung könnte entfallen, wenn in unserem Falle Schuld angenommen würde.

[3] Auch hier kann strafrechtlich Schuld nie vorliegen, da ein Delikt, auf das sich diese Schuld beziehen könnte, nach den Vorschriften des § 2 Str.G.B.s nicht vorhanden ist.

In diesen Fällen kann immerhin unter Umständen die Entschädigung wegen einer in der Tat enthaltenen „groben Unredlichkeit oder Unsittlichkeit" ausgeschlossen werden (§ 2 Abs. 2). Im ersteren Falle wird das neue Gesetz meist aus dem Grunde erlassen werden, um eine bereits längst als „unredlich" oder „unsittlich" verwerflich empfundene Handlungsweise nun auch zum Delikt zu stempeln. — Im 2. Falle erklärt das spätere Gesetz, daß Taten wie die vorliegenden einen Deliktstatbestand nicht mehr erfüllen sollen; damit kann es dieselben jedoch ebensogut nach wie vor als moralisch verwerflich brandmarken, wie für moralisch unanfechtbar erklären,

(z. B. Mangel des erforderlichen subjektiven Tatbestandes, § 59 Str.G.B.s), ferner wenn Umstände vorliegen, die die Handlung im Sinne des Str.G.B.s §§ 52 bis 54 als „nicht strafbar" erscheinen lassen.

IV. 1. Was § 51 Str.G.B.s anlangt, so liegt Unschuld ohne weiteres nur dann vor, wenn das Gericht das Vorhandensein des Schuldausschließungsgrundes für erwiesen erachtet, also feststellt, daß der Angeklagte in krankhafter Geistesstörung gehandelt hat;

2. anders, wenn es (etwa auf Grund widersprechender Gutachten) das Vorhandensein des Schuldausschließungsgrundes nur wegen vorhandener Zweifel zu Gunsten des Angeklagten annimmt, also nicht für ausgeschlossen erachtet, daß der Angeklagte in krankhafter Störung der Geistestätigkeit gehandelt hat: hier ist eine materielle Prüfung des Vorhandenseins der Unschuld für die Entschädigungsfrage durchaus am Platze.[1]

V. Unschuld liegt jedenfalls auch vor, wenn der Täter zur Zeit der Tat das zwölfte Lebensjahr noch nicht vollendet hatte (§ 55 Str.G.B.s); denn wenn überhaupt ein Strafverfahren für ausgeschlossen bleiben soll, so will das Gesetz diesen Jugendlichen generell ihre Tat nicht zurechnen, also generell Unschuld annehmen.

VI. 1. Das Gleiche gilt bei § 56 Str.G.B.s für den Fall, daß das Gericht für erwiesen erachtet, daß der angeklagte Jugendliche die zur Erkenntnis der Strafbarkeit seiner Tat erforderliche Einsicht nicht besaß; 2. wenn es diesen Strafausschließungsgrund nur wegen vorhandener Zweifel zu Gunsten des Angeklagten annimmt, so ist für die Entschädigungsfrage die Unschuld zu prüfen.

In allen diesen Fällen liegt die Schuld oder Unschuld in der Natur der Sache begründet.[2] Anders in allen übrigen Fällen;

---

[1] Einen besonderen Fall bezüglich der Bewußtlosigkeit des § 51 Str.G.B.s bietet § 2 Abs. 2; hier kann der Richter trotz generell vorliegender Unschuld prinzipiell die Entschädigung versagen. Vgl. unten § 11 dieser Abhandlung.

[2] Mit Ausnahme selbstverständlich von IV 2 und VI 2.

hier muß bei Aufgeben der Strafverfolgung das Vorliegen der Unschuld geprüft werden.[1]

Es sind dies

1. die Fälle, in denen die Strafverfolgung deshalb aufgegeben wird, weil das Delikt im Ausland begangen ist, ohne daß die Voraussetzungen des § 4 Abs. 2, § 5, § 6 Str.G.B.s vorliegen; und zwar

a) wenn die Handlung zwar ein Verbrechen oder Vergehen des R.Str.G.B.s (mit Ausnahme der in § 4 Abs. 2 Nr. 1 und 2 genannten[2]) darstellt, aber nach den Gesetzen des Tatortes nicht mit Strafe bedroht ist (§ 4 Abs. 2 Nr. 3 Str.G.B.s);

b) oder wenn die Handlung eine Übertretung, auch nach den ausländischen Gesetzen strafbar ist, gleichwohl aber das in § 6 Str.G.B.s geforderte Gesetz oder ein entsprechender Vertrag nicht vorhanden ist;

c) oder wenn der in § 4 letzter Satz geforderte Antrag der ausländischen Behörde fehlt;

d) oder wenn die Strafverfolgung gemäß § 5 Str.G.B.s ausgeschlossen ist;

2. die Fälle, in denen das Verfahren gemäß § 259 Str.P.O. eingestellt wird, weil der erforderliche Strafantrag nicht oder nicht rechtzeitig (§ 61 Str.G.B.s) oder von einer falschen Person (§ 65 daselbst) oder in unrichtiger Form (§ 156 Abs. 2 Str.P.O.) gestellt oder aber daß er rechtzeitig zurückgenommen worden ist (§ 64 Str.G.B.s);

3. die Fälle, in denen die Strafverfolgung wegen Fehlens der dem Antrage zu 2. in gewissem Sinne nahestehenden sogenannten „Ermächtigung" aufgegeben wird, also in den §§ 99 Abs. 2, 101 Abs. 2, 197 Str.G.B.s; desgleichen wenn das Strafverfahren mangels einer behördlichen Vorentscheidung gemäß § 11 E.G. z. G.V.G. beendet wird — vgl. auch den Antrag der ausländischen Behörde gemäß § 4 Str.G.B.s letzter Satz;

---

[1] In welcher Weise diese Prüfung vor sich geht, in welcher Weise namentlich das strafprozessuale Verfahren dadurch beeinflußt werden kann, darüber vgl. unten die Ausführungen in § 20 dieser Abhandlung.

[2] Und des § 298 Str.G.B.s.

4. die Fälle, in denen die Strafverfolgung aufgegeben wird, weil der „befreundete Staat" dem Deutschen Reiche die Gegenseitigkeit nicht verbürgt hat (§§ 102 Abs. 1, 103 Abs. 1 Str.G.B.s);

5. die Fälle, in denen die Strafverfolgung durch Verjährung ausgeschlossen wird (§ 66 Str.G.B.s);

6. die Fälle, in denen die Strafverfolgung wegen persönlicher Strafausschließungsgründe, welche in der Person des Täters vorliegen, aufgegeben wird; z. B. weil der wegen Blutschande Verfolgte das achtzehnte Lebensjahr noch nicht vollendet hatte (§ 173 Abs. 4 Str.G.B.s); weil der beim Zweikampf Beteiligte zu den in § 209 Str.G.B.s bezeichneten Personen gehörte; weil der wegen Diebstahls Verfolgte ein Verwandter absteigender Linie oder der Ehegatte des angeblich Bestohlenen war (§ 247 Abs. 2 Str.G.B.s); oder weil endlich der wegen Begünstigung Verfolgte ein Verwandter war, dem der Strafausschließungsgrund des § 257 Abs. 2 Str.G.B.s zur Seite stand.

Einige besondere Fälle seien hier noch hervorgehoben.

a) Zweifellos ist zunächst, daß von einem Entschädigungsbeschlusse keine Rede sein kann, wenn das Staatsoberhaupt im Laufe einer gegen einen Verhafteten schwebenden Untersuchung von dem ihm zustehenden Abolitionsrechte Gebrauch macht und der Verhaftete demzufolge aus der Haft entlassen wird. Denn abgesehen davon, daß in diesem Falle zumeist ein grundlegender Außerverfolgungsetzungs-Beschluß gar nicht erlassen werden wird, vielmehr das Verfahren ohne weiteres sein Ende erreicht, wird doch durch die Abolition das schwebende Strafverfahren auf außerordentlichem Wege zum Abschlusse gebracht, dergestalt, daß für ordentliche strafprozessuale Maßnahmen — und eine solche ist, wie oben gezeigt[1], die Fassung des Entschädigungsbeschlusses — kein Raum mehr bleibt. Dazu kommt sachlich auch der Umstand, daß durch die Abolition ja gerade einer materiellen Prüfung der Sache — also in erster Linie auch einer Feststellung von Schuld oder Unschuld des Angeklagten — vorgebeugt werden soll. — Die der Abolition verwandte Be-

[1] § 1 dieser Abhandlung a. E.

gnadigung kommt aus naheliegenden Gründen hier überhaupt nicht in Betracht: eine Entschädigung muß von vornherein entfallen, da die Grundlage jeder Begnadigung eine Verurteilung ist.

b) Ein Entschädigungsbeschluß ist ferner nicht zu fassen, wenn der Beschuldigte gemäß Art. 31 der Reichsverfassung „für die Dauer der Sitzungsperiode" von dem Strafverfahren befreit und demgemäß aus der Untersuchungshaft entlassen wird.[1] Denn zunächst ist es auch hier zweifelhaft, ob überhaupt ein grundlegender Einstellungsbeschluß zu erlassen ist oder ob nicht vielmehr das Verfahren ohne weiteres sein vorläufiges Ende erreicht: dann aber liegt doch auch in diesem Falle eine außerordentliche Beendigung des Strafverfahrens vor, dergestalt, daß sich die Anwendung strafprozessualischer Normen, insbesondere also eine Beschlußfassung in unserem Sinne, von selbst verbietet. Hierzu kommt noch der Umstand, daß die Befreiung des Abgeordneten von der strafrechtlichen Verfolgung nur für die Dauer der Sitzungsperiode gegeben ist, die Einstellung des Strafverfahrens also lediglich provisorischen Charakter hat. Es wurde aber oben[2] darauf hingewiesen, daß das Gesetz lediglich endgültige Entscheidungen — d. h. solche, welche die entscheidende Behörde nicht selbst wieder aufzuheben vermag — als zur Grundlage eines Entschädigungsbeschlusses geeignet angesehen wissen will; ließ es danach die Gewährung einer Entschädigung bereits im Falle des § 168 Abs. 2 Str.P.O. nicht zu, so erscheint eine Entschädigung in unserem Falle, woselbst die Fortsetzung des Verfahrens in der Regel viel sicherer ist als bei der staatsanwaltschaftlichen Einstellung — unter allen Umständen ausgeschlossen.

c) Aus dem gleichen Grunde vermag eine gemäß §§ 203, 208 Str.P.O. ergehende Entscheidung, durch welche das Verfahren „vorläufig eingestellt" wird, einen Entschädigungsanspruch in keinem Falle zu begründen.[3] Das Gesetz bezeichnet hier ja

---

[1] Das gleiche gilt landesrechtlich für die Mitglieder einer gesetzgebenden Körperschaft, vgl. § 6 Abs. 2 Nr. 1 E.G. z. Str.P.O. (vgl. z. B. für Preußen Art. 84 der Verf.).

[2] S. 43 dieser Abhandlung.

[3] So auch Köhler, G.Saal Bd. 64 S. 355.

selbst die grundlegende Entscheidung als nur „vorläufig“ und nimmt ihr damit expressis verbis den nach Vorstehendem erforderten Charakter. In der Tat liegt ja auch eine Fortsetzung des Verfahrens in beiden Fällen in dem bloßen Belieben des Gerichtes (§ 203)[1] bezw. der Staatsanwaltschaft (§ 208 Abs. 2).[2] Übrigens kann im Falle der Geisteskrankheit das Gericht, wenn es materiell von der Nichtschuld des Verhafteten überzeugt und eine Verhandlung mit demselben möglich[3] ist, den Verhafteten sogleich außer Verfolgung setzen oder freisprechen[3], da die Vorschrift des § 203 lediglich dispositiver Natur ist[4]; in diesem Falle ist eine Beschlußfassung bereits aus den allgemeinen Grundsätzen unseres Gesetzes heraus geboten.

d) Ist der wegen Mangels der sachlichen Zuständigkeit des Gerichtes zu fassende Beschluß des § 270 Str.P.O. geeignet, eine Entschädigungsverpflichtung des Staates zu begründen? Diese Frage ist zu verneinen. In formeller Beziehung hat der genannte Beschluß den Charakter einer das Verfahren abschließenden Entscheidung in keiner Weise; denn wenngleich er dieses Verfahren vor dem beschließenden Gerichte beendet, so hat er doch andererseits die Wirkung eines das Hauptverfahren vor dem höheren Gerichte eröffnenden Beschlusses (Abs. 2 a. a. O.), an welchen letzteres nunmehr gebunden ist.[5] Aber auch in materieller Hinsicht hat ein Entschädigungsanspruch in diesem Falle keinen Raum, da das beschließende

---

[1] Nach Löwe (zu § 203 Note 5) enthält der Beschluß in Wahrheit lediglich eine Aussetzung des Verfahrens; letzteres kann vom Gericht jederzeit wieder aufgenommen werden.

[2] Löwe zu § 208 Note 6.

[3] Sofern sich nämlich die Geisteskrankheit erst in der Hauptverhandlung herausstellt; hier kann das Gericht analog § 203 das Verfahren durch Beschluß vorläufig einstellen (so Löwe zu § 259 Note 3). — In der Sache selbst kann nur entschieden werden, wenn eine Verständigung mit dem Angeklagten möglich ist (so im wesentlichen Löwe, Vorbem. zu Buch II Abschn. 1 Note 20a).

[4] Im Falle des § 208 kann eine materielle Prüfung der Sache nicht erfolgen, da die Staatsanwaltschaft eine Anklage nicht erhoben hat. Vgl. hierzu Löwe zu § 208 Note 3.

[5] So Löwe zu § 270 Note 10a.

Gericht eben durch seinen Beschluß zum Ausdrucke bringt, daß es den Angeklagten durchaus nicht für unschuldig halte.[1]

e) Aus dem letzteren materiellen (wenngleich nicht aus dem vorhergenannten formellen[2]) Grunde verbietet sich die Erlassung eines Entschädigungsbeschlusses auch im Falle des § 429 Str.P.O.

f) Findet das Gericht im Laufe eines Strafverfahrens, daß es örtlich nicht zuständig ist, so hat es diese seine Unzuständigkeit durch Beschluß auszusprechen.[3] [4] Bei Behandlung der Frage, ob dieser Beschluß zur Grundlage eines Entschädigungsbeschlusses geeignet sei, ist zu unterscheiden, ob die Untersuchung bereits von einem Gerichte eröffnet worden ist oder nicht. Hat ein Gericht bereits die Untersuchung eröffnet, indem es das Hauptverfahren ohne vorgängige Voruntersuchung eröffnete (§ 201 Str.P.O.) oder die Voruntersuchung gemäß § 200 daselbst anordnete, oder endlich indem der Untersuchungsrichter dieses Gerichtes die Eröffnung der Voruntersuchung verfügte (§ 182 Str.P.O.), so ist, wenn sich später die Unzuständigkeit des Gerichtes herausstellt und daher ein Unzuständigkeitsbeschluß erlassen werden muß, die Staatsanwaltschaft nicht berechtigt, von der weiteren Verfolgung der Strafklage Abstand zu nehmen, da in einer solchen Abstandnahme eine Zurücknahme der öffentlichen Klage erblickt werden müßte, welche nach § 154 Str.P.O. in diesem Stadium des Verfahrens nicht mehr zulässig ist.[5] Aus alledem ist in diesem Falle der Beschluß, durch welchen die Unzuständigkeit des derzeit mit der Sache befaßten Gerichtes ausgesprochen wird, als zur

[1] Der Umstand, daß die Tat jetzt anders qualifiziert wird, begründet nicht die „Unschuld" bezüglich der geringeren Straftat. Vgl. § 7 der Abhandlung am Anfang.

[2] Vgl. auch — wenn freilich mit Einschränkungen dahin gehend, daß die Staatsanwaltschaft in bestimmten Fällen das Verfahren fortsetzen muß — Löwe zu § 429 Note 3b. Diese Einschränkungen können natürlich im Resultat nichts ändern, sondern es nur bestärken.

[3] Es besteht, wie Löwe zu §§ 16 bis 18 Note 3b zutreffend ausführte eine richterliche Pflicht zur Prüfung der örtlichen Zuständigkeit, die ihr, Grenze lediglich in der Bestimmung des § 18 findet.

[4] Immer durch Beschluß, auch wenn das Gericht in der Hauptverhandlung seine Unzuständigkeit ausspricht.

[5] auch wenn ein an sich unzuständiges Gericht die Untersuchung eröffnet hat. So Löwe zu §§ 16 bis 18 Note 6b.

Begründung eines Entschädigungsbeschlusses geeignet nicht anzusehen. Anders ist es, wenn der auf erhobene Anklage unmittelbar entscheidende Richter die „Eröffnung der Untersuchung" wegen Unzuständigkeit des angegangenen Gerichtes durch Beschluß ablehnt (§§ 178, 202 Str.P.O.). Hier ist die Staatsanwaltschaft nicht verbunden, die Klage nunmehr bei dem zuständigen Gerichte anzubringen; sie darf vielmehr davon Abstand nehmen, wenn sie inzwischen sich von der Undurchführbarkeit derselben überzeugt hat.[1] In diesem Falle steht der Erlassung eines Entschädigungsbeschlusses nichts entgegen, zumal die zu Grunde liegende Entscheidung formell und sachlich den Stempel der Endgültigkeit trägt. Erhebt dann die Staatsanwaltschaft bei dem wirklich zuständigen Gericht die öffentliche Klage und wird daraufhin das Hauptverfahren eröffnet, so tritt der Beschluß gemäß § 5 des Gesetzes von selbst wieder außer Kraft; auch kommt § 8 desselben zur Anwendung. Läßt jedoch die Staatsanwaltschaft die Anklage fallen, so wäre es eine unbillige Härte, wollte man dem unschuldig Verhafteten eine Entschädigung um deswillen versagen, weil eine anderweite Erhebung der Strafklage möglich war.[2]

g) Wenn das Gericht bei der Beschlußfassung über die Eröffnung des Hauptverfahrens oder in der Hauptverhandlung bei der Urteilsfindung zu der Überzeugung gelangt, daß mit der Untersuchung der gleichen Tat bereits ein anderes Gericht befaßt ist, welches die Untersuchung früher eröffnet hat, daß es also selber mit der Sache sich nicht mehr befassen darf (vgl. § 12 Str.P.O.), so hat es durch Beschluß die Strafverfolgung als unzulässig aufzugeben. Indes vermag ein solcher Beschluß einen Entschädigungsanspruch unter keinen Umständen zu begründen. Zwar bringt er das bei diesem Gericht anhängige Verfahren zu einem endgültigen Abschlusse; er beendet aber nicht die staatliche Strafverfolgung als solche, vielmehr ist diese seiner ungeachtet von dem anderen Gerichte so lange fortzusetzen, bis über das Vorhandensein des staatlichen Strafanspruches eine endgültige Entscheidung getroffen werden kann. Der Beschluß ergeht hier lediglich im Hinblick darauf,

[1] So Löwe a. a. O.

[2] Vgl. auch S. 57 Anm. 4.

daß bezüglich derselben Tat bereits ein Verfahren schwebt, das seinerseits mit der Schuldfrage sich zu befassen hat, eventuell also auch das Vorhandensein der Unschuld des Verhafteten selbstständig prüfen muß: es wäre aber widersinnig, wollte man einem unzuständig gewordenen Gericht eine Entscheidung übertragen, welche die zuständige Behörde später ohnedies zu fällen hat.[1]

h) Ein verwandtes Gebiet betreffen die Fälle, in denen die Strafverfolgung mit Rücksicht auf den strafprozessualen Grundsatz „ne bis in idem“ aufgegeben werden muß. Hier können folgende Möglichkeiten in Betracht kommen:

1. Der Angeklagte ist in einem früheren Verfahren wegen einer strafbaren Handlung verurteilt worden; er wird von neuem wegen dieser Handlung zur Untersuchung gezogen und verhaftet;

2. der Angeklagte ist in dem früheren Verfahren freigesprochen worden; er befand sich während des Verfahrens in Untersuchungshaft; jetzt wird er von neuem zur Untersuchung gezogen und wiederum verhaftet;

3. der Angeklagte ist in dem früheren Verfahren freigesprochen worden; er war in dem Verfahren nicht verhaftet. In dem neuen Verfahren wird er verhaftet.

Allen jenen Fällen ist gemeinsam, daß das Verfahren beendet werden muß, weil hinsichtlich dieser Tat dieses Angeklagten die Strafklage bereits verbraucht ist; der Staat hat an einer anderweiten Feststellung, ob für ihn ein Strafanspruch gegen den Angeklagten begründet sei, keinerlei Interesse, weil er bereits in dem früheren Verfahren zu einer Überzeugung von der Schuld oder Nichtschuld[2] des Angeklagten gelangt ist. Diese Überzeugung ist hinsichtlich der Entschädigungsfrage der späteren Entscheidung inhaltlich zu Grunde zu legen. Hieraus ergibt sich im Einzelnen folgendes:

Wenn der Verhaftete in dem ersten Verfahren verurteilt

---

[1] Der Fall unterscheidet sich insofern von den Fällen der örtlichen und sachlichen Unzuständigkeit, als dort dasselbe Verfahren vor dem zuständigen Gerichte fortgesetzt wird, während es hier zu Gunsten des vor dem anderen Gerichte schwebenden überhaupt ganz aufhört.

[2] Vgl. S. 47f. dieser Abhandlung.

ist, so gilt seine Schuld auch im zweiten Verfahren für festgestellt. Die Erlassung eines Entschädigungsbeschlusses verbietet sich daher.[1]

Hat jedoch das frühere Verfahren mit der Freisprechung des Angeklagten geendet, so liegt der das zweite Verfahren abschließenden Entscheidung der Umstand zugrunde, daß die Nichtschuld des Angeklagten aus dem früheren Verfahren ohnedies feststeht. Hier ist zu unterscheiden, ob der Angeklagte in dem ersten Verfahren verhaftet war oder nicht, mit anderen Worten: ob bereits ein Entschädigungsbeschluß aus § 1 des Gesetzes zustande gekommen ist oder ob ein solcher noch nicht erlassen wurde. In letzterem Falle ist zweifellos ein Entschädigungsbeschluß zu erlassen; bei Ermittlung der Unschuld des Verhafteten werden die Gründe des ersten Urteils beachtlich sein, wenngleich der Richter an dieselben nicht gebunden ist, weil die Urteilsgründe die Rechtskraft nicht beschreiten.[2] — Aber auch, wenn ein Entschädigungsbeschluß in dem früheren Verfahren zustande gekommen ist, so vermag derselbe den Richter einer erneuten Prüfung der Entschädigungsvoraussetzungen nicht zu entheben. Denn wenn sich auch aus dem positiven Beschlusse des ersten Verfahrens mit Notwendigkeit die Unschuld des Verhafteten ergiebt, so können doch in dem zweiten Verfahren die Voraussetzungen z. B. des § 2 Abs. 1 vorliegen — und umgekehrt ist aus der früheren Versagung einer Entschädigung eben mit Rücksicht etwa auf letztere Vorschrift nicht notwendig das Nicht-Vorliegen der Unschuld zu entnehmen. Eine erneute Beschlußfassung erscheint darum auch hier durchaus am Platze.

i) Es fragt sich schließlich: Ist der Umstand, daß der Ver-

---

[1] Dies ist eine Konsequenz der in § 5 dieser Abhandlung ausgeführten Grundanschauung des Gesetzes, nur Unschuldigen diese Entschädigung für erlittene Untersuchungshaft zu Teil werden zu lassen, nicht aber unter Umständen auch Schuldigen, welche die Untersuchungshaft ungerechtfertigt erlitten haben. Im vorliegenden Falle ist die zweite Haft zweifellos ungerechtfertigt erlitten.

[2] So die gesamte Literatur; vgl. z. B. auch Löwe Vorbemerkung zu Buch III Note 2b.

haftete in der Untersuchungshaft stirbt, geeignet, einen Entschädigungsanspruch zu begründen?[1]

Die Frage wird praktisch hinsichtlich der Unterhaltsberechtigten, welche, falls die Voraussetzungen der §§ 1 und 2 des Gesetzes erfüllt sind, einen selbständigen Anspruch auf Entschädigung erlangen (vgl. § 1 Abs. 2 und § 3 Abs. 2).[2] Das Gesetz vom 20. Mai 1898 billigte ihnen beim Tode ihres Unterhaltsverpflichteten — allerdings nicht expressis verbis — einen Ersatzanspruch zu; die Grundlage dieses Beschlusses war die freisprechende Entscheidung des § 411 Str.P.O. Die Motive zu unserem Gesetze verhalten sich ablehnend, indem sie eben eine solche grundlegende Entscheidung in vorliegendem Falle vermissen; auch bei der Kommissionsberatung stand die Regierung auf dem Standpunkte, daß durch den Tod des Beschuldigten das Verfahren ohne weiteres sein Ende erreiche[3] und darum die Gewährung eines Ersatzanspruches in vorliegendem Falle aus formellen Gründen unmöglich sei.[4] Es fragt sich aber, ob im Hinblick auf unser Gesetz dieser Anschauung beigetreten werden soll. Hier möchte ich mich für die gegenteilige Ansicht entschließen, welche aus der allgemeinen Erwägung, daß das einmal mit der Sache befaßte Gericht die Sache selbständig beenden müsse und die Akten nicht lediglich formlos an die Staatsanwaltschaft zurückgeben dürfe, die Erlassung eines Einstellungsbeschlusses für den Fall des Todes des Beschuldigten fordert.[5] Jedenfalls trifft der vielfach gehörte Einwand[6], daß die Erlassung eines ausdrücklichen Einstellungsbeschlusses nach dem Tode des Beschuldigten zwecklos sei, zum mindesten jetzt nicht mehr zu, da lediglich auf der Grundlage eines solchen Beschlusses ein Entschädigungsanspruch für die Unterhaltsberechtigten des Ver-

[1] Selbstverständlich nach Erhebung der öffentlichen Klage. Vor Erhebung der öffentlichen Klage ist ein Entschädigungsanspruch überhaupt undenkbar. Vgl. § 7 dieser Abhandlung.

[2] Vgl. auch unten § 16 dieser Abhandlung, insbesondere das. a. E.

[3] Übereinstimmend Löwe Vorbemerkung zu Buch II Abschnitt 1 Note 27a; Bennecke-Beling S. 116 V b.

[4] Vgl. Komm.Ber. S. 10. So auch Romen zu § 51 Note 5e.

[5] So Stenglein S. 231; Keller zu § 202 Note 4 u. a.

[6] Z. B. Glaser Bd. 2 S. 201.

storbenen zur Entstehung gelangen kann. Aus alledem bedarf es meines Erachtens eines auf Einstellung lautenden Beschlusses, welcher eine (positive oder negative) Beschlußfassung über die Entschädigungsfrage nach sich zieht. Wenn dagegen regierungsseitig eingewendet wurde, daß ein eventuell erforderliches Unschuldsverfahren sich um so schwieriger gestalten würde, als die Person, um deren Unschuld es sich handele, nicht mehr am Leben sei, so ist darauf hinzuweisen, daß das ganze Verfahren nach § 411 Str.P.O. vbd. § 1 des Gesetzes von 1898 dem Richter die gleichen, wenn nicht schwierigere Aufgaben bei Beurteilung der Unschuld gestellt hat, da es sich bei der Wiederaufnahme des Verfahrens oft um jahrelang zurückliegende Ereignisse handelt, während es in unserem Falle auf Tatsachen zumeist der jüngeren und jüngsten Zeit ankommt. — Aber auch die Entstehungsgeschichte des Gesetzes spricht nicht gegen eine Beschlußfassung in unserem Falle, zumal die völlige Wiederherstellung der Regierungsvorlage hauptsächlich mit Rücksicht auf den ersten Absatz des § 1 erfolgte.[1]

Die vorstehenden Ausführungen haben versucht, die wesentlichsten Fälle zusammenzustellen, in denen außer den Regelfällen der Freisprechung und Außerverfolgungsetzung die Frage, ob Unschuld erwiesen oder aber noch ein begründeter Verdacht zurückgeblieben ist, zu beachten und eventuell zu prüfen ist. Wenn bezüglich einer großen Zahl dieser Fälle die Motive zu unserem Gesetz in Übereinstimmung mit einer Reihe wissenschaftlicher Arbeiten zu dem Gesetz von 1898 eine Entschädigungspflicht prinzipiell abzulehnen bemüht sind, so wurde bereits oben auf die Unrichtigkeit dieser Stellungnahme hingewiesen. Die Motive geben aber auch selbst an einer Reihe von Stellen indirekt eine Stütze für die hier vertretene Ansicht; so Seite 6, wo

[1] In der 1. Lesung der Reichstags-Kommission war als Zusatz zu Abs. 2 folgender Satz 2 angenommen worden:

„Dieser Anspruch wird nicht dadurch ausgeschlossen, daß der Verhaftete stirbt, bevor er freigesprochen oder außer Verfolgung gesetzt worden ist.“

In der 2. Lesung fiel mit der Wiederherstellung der Regierungsvorlage zu § 1 dieser Satz wieder fort.

— wie bereits oben erwähnt wurde — ausgeführt wird, daß die Unschuld durch „bloße“ Strafausschließungsgründe oder durch den „bloßen“ Mangel an Voraussetzungen oder Bedingungen der Strafverfolgung nicht als dargetan gelten soll; so ferner S. 9, wo auseinandergesetzt wird, daß der „bloße Mangel des Strafantrages“ die Unschuld des Verhafteten zu begründen nicht geeignet sei und im übrigen in diesen Fällen die Unschuld regelmäßig nicht dargetan sein werde“ — wo sonach das Vorliegen der Unschuld als begrifflich nicht ausgeschlossen erachtet wird; so endlich Seite 8, wo erklärt wird, daß der Begriff des Außerverfolgungsetzens sich „der Sache nach auch auf die Fälle erstrecke, in denen der Antrag auf Eröffnung der Voruntersuchung wegen Unzulässigkeit der Strafverfolgung abgelehnt werde (§ 178 Str.P.O.).“ Namentlich durch das letztere Citat erklären ja die Motive unumwunden, daß eine Entschädigung begrifflich nicht dadurch ausgeschlossen sein soll, daß eine Entscheidung in der Hauptsache nicht ergangen ist.

Dem Strafrichter wird ja freilich durch diese Ausdehnung der Prüfungspflicht auf die genannten Fälle scheinbar eine neue große Arbeitslast aufgebürdet. Davon ist aber in Wirklichkeit nicht die Rede. Allerdings ist zuzugeben, daß das Gesetz mit einer neuen und eigenartigen Aufgabe an den Strafrichter herantritt, die unten[1] noch des näheren beleuchtet werden soll; aber die Zahl der vorgenannten Einzelfälle ist im Verhältnis zu den Regelfällen der einfachen „Freisprechung“ und „Außerverfolgungsetzung“ prozentual eine derart geringe, daß eine solche Ausdehnung als eine übergroße Belastung des Strafrichters wohl schwerlich empfunden werden wird. Andererseits entspricht diese Ausdehnung, wie oben zu zeigen versucht wurde, dem Rechts- und Billigkeitsgefühle; zudem ist sie sowohl mit dem Wortlaut als mit dem Sinn des Gesetzes nach jeder Richtung hin zu vereinigen.

Alle diese Schwierigkeiten wären freilich umgangen worden, wenn das Gesetz sich entschlossen hätte, die Zweiteilung der Freigesprochenen und Außer Verfolgung Gesetzten in „Unschuldige“

---

[1] § 20 dieser Abhandlung.

und „begründet Verdächtige" fallen zu lassen und entsprechend dem Beschluß des Juristentages von 1876 den Entschädigungsanspruch lediglich „von der einfachen und klaren Tatsache der Freisprechung und Außerverfolgungsetzung abhängig zu machen."[1] [2] Die verhängnisvollste Folge dieser Zweiteilung (nämlich die Modifizierung des strafprozessualen Verfahrens durch dieselbe) soll indes nicht bereits an diesem Orte, sondern erst in § 20 dieser Abhandlung behandelt werden.

§ 10.
„Vorsätzlich herbeigeführte" und „fahrlässig verschuldete" Untersuchungshaft.

Auch dem materiell Unschuldigen soll nach § 2 Abs. 1 des Gesetzes eine Entschädigung versagt bleiben, wenn er die Verhaftung „vorsätzlich herbeigeführt" oder „durch grobe Fahrlässigkeit verschuldet" hat.

Diese Bestimmung hat namentlich im Reichstage heftige Angriffe erfahren. In den Verhandlungen zu unserem Gesetz wie bereits zu dem Gesetze von 1898 — das in § 1 Abs. 3 eine entsprechende Bestimmung enthielt — wurde von den verschiedensten Seiten darauf hingewiesen[3], daß eine Feststellung, ob der Verhaftete seine Verhaftung schuldhafterweise selbst herbeigeführt habe, äußerst schwierig sei, namentlich bezüglich einer fahrlässigen Verschuldung; sodann wurde betont, daß die Einführung des Begriffes „grobe Fahrlässigkeit" in das Strafrecht nicht unbedenklich erscheine, da dem geltenden Reichsstrafrecht Stufen oder gesetzliche Grade innerhalb des allgemeinen Begriffes „Fahr-

---

[1] Komm.Ber. S. 6.

[2] Es soll ja nicht in Abrede gestellt werden, daß die Entschädigung von Personen, die trotz der Freisprechung verdächtig bleiben, in gewissem Sinne ihr Bedenkliches hat. Jedenfalls kann aber nicht, wie es vielfach geschehen ist, von einer „Prämienzahlung für geschicktes Leugnen" gesprochen werden! Denn es handelt sich doch nicht um eine Belohnung, ja nicht einmal um eine Art Schmerzensgeld, sondern lediglich um Ersatz des erwachsenen Vermögensschadens!

[3] Z. B. für unser Gesetz: Stenogr. Ber. S. 649, 653, 655, 662, 675 u. a.

lässigkeit" unbekannt seien. Was zunächst den letzteren Einwand anlangt, so ist derselbe völlig hinfällig; denn die Grundlage desselben, der Hinweis auf das Strafrecht, ist verfehlt. Es handelt sich hier ja gar nicht um strafrechtliche Fahrlässigkeit, um strafrechtlichen Vorsatz, also um Fahrlässigkeit oder Vorsatz als Begriffsmerkmal eines strafrechtlichen Deliktes („Herbeiführen der eigenen Verhaftung" ist kein Delikt!): es handelt sich vielmehr um das vorsätzliche oder fahrlässige Herbeiführen eines den Herbeiführenden selbst schädigenden Ereignisses, mithin indirekt um das schuldhafte Herbeiführen eigenen Schadens, welcher mit einem den Herbeiführenden von dritter Seite treffenden Schaden in Konkurrenz tritt. Damit ist eine gewisse Ähnlichkeit mit der Bestimmung des § 254 B.G.B.s gegeben, welche um so eher zum Vergleiche herangezogen werden darf, als, wie unten[1] noch näher zu zeigen sein wird, die grundlegenden Begriffe „Schaden", „Entschädigung" durchaus auf civilrechtlichem Boden stehen.[2] Hier wie in § 254 daselbst hat bei der Entstehung des Schadens ein Verschulden des Beschädigten mitgewirkt, hier wie dort braucht auch dem Verschulden des Beschädigten ein Verschulden des Schädigers nicht notwendig gegenüberzustehen.[3] Damit ergiebt das Wesen unserer Vorschrift, daß die Begriffe „Vorsatz" und „grobe Fahrlässigkeit" nicht aus dem Strafrecht, sondern aus dem bürgerlichen Recht heraus zu interpretieren sind[4], dem ja namentlich der Begriff „grobe Fahrlässigkeit" nicht fremd ist (vgl. z. B. § 277 B.G.B.s). Auf

---

[1] Vgl. § 14 dieser Abhandlung.

[2] Vgl. auch Ritter S. 38; neuerdings besonders Köhler, G.Saal Bd. 64 S. 365.

[3] Ungenau, weil zu eng, ist darum der Ausdruck „Kulpakompensation" für unsere Fälle. Für das B.G.B. vgl. z. B. §§ 867, 904, 912, 917.

[4] Winkler, Recht 8. Jahrgang S. 96, schlug de lege ferenda sogar vor, einen Hinweis auf § 254 ausdrücklich in den Gesetzestext zu § 4 mit aufzunehmen, der folgendermaßen lauten sollte:

(§ 4 Abs. 2) „Der Gerichtsbeschluß ergeht kraft Gesetzes unter dem Vorbehalte der Anwendung des § 254 B.G.B.s mit folgenden Maßgaben: ‚Als Verschulden des Beschuldigten kommt nur Vorsatz und grobe Fahrlässigkeit in Betracht' " usw.

die Definitionen des bürgerlichen Rechtes braucht hier nicht näher eingegangen zu werden.

Das Gesetz entscheidet in § 2 Abs. 1 die besprochene Frage abweichend von § 254 B.G.B.s dahin, daß bei vorsätzlichem oder grob fahrlässigem Herbeiführen der Untersuchungshaft seitens des Verhafteten die Entschädigungspflicht des Staates grundsätzlich ausgeschlossen wird — also auch dann, wenn der Schaden „vorwiegend von dem anderen Teile verursacht worden ist“ (vgl. § 254 B.G.B.s) — ; andererseits genügt eine leichte Fahrlässigkeit des Verhafteten nicht zur Ausschließung der staatlichen Ersatzpflicht. „Vorsatz“ und „Fahrlässigkeit“ beziehen sich, wie die Regierung in der Reichstagskommission richtig ausgeführt hat[1], auf die strafprozessualen Voraussetzungen der Verhaftung, also auf den Flucht- und Kollusionsverdacht, aber in Verbindung mit dem Vorliegen dringenden Tatverdachtes.[2] — Der Verhaftete hat in dem bezeichneten Sinne vorsätzlich gehandelt, wenn er, materiell unschuldig, gleichwohl einen Tatverdacht und den hierauf bezüglichen Fluchtverdacht auf sich lenkte etwa in der Absicht, einen Dritten, wirklich Schuldigen, in das Ausland entweichen zu lassen und ihn so vor Bestrafung zu schützen; er hat die Verhaftung grob fahrlässig herbeigeführt, wenn er nach einem Raufhandel, in dem ein Mensch verletzt worden ist, aus Prahlerei sich angeblich von ihm verrichteter Heldentaten gerühmt und von einem Vorhaben, die Gegend zu verlassen, gesprochen hat. Dagegen braucht in folgenden Fällen nicht notwendig eine grobe Fahrlässigkeit erblickt zu werden: ein völlig Unschuldiger gerät durch die Gefahr der Verhaftung in solche Bestürzung, daß er sich dem Verfahren durch die Flucht zu entziehen versucht; oder er vernichtet Spuren der Tat, die er in seinen Räumen entdeckt, um dadurch nicht in Ungelegenheiten zu kommen[3]; denn man würde ja auch rein civilrechtlich ein schuldhaftes Verhalten in

[1] S. 15 des Komm.Ber.

[2] Nicht etwa bloß auf die sogenannten Verhaftungsgründe (Flucht- und Kollusionsverdacht; vgl. Löwe zu § 112 Note 3a). Der Begriff „Grund der Verhaftung“ bezieht sich übrigens in § 123 Str.P.O. auch auf die Verdachtsgründe (so auch Löwe zu § 123 Note 2).

[3] Komm.Ber. S. 13.

diesen Fällen nicht notwendig erblicken müssen. Das Gleiche gilt, wenn der Angeklagte wegen Ausbleibens in der Hauptverhandlung gemäß §§ 229, 235 Str.P.O. verhaftet, später aber als „unschuldig" freigesprochen wird: auch hier braucht ihn bezüglich des Ausbleibens ein Verschulden nicht notwendig zu treffen.[1]

Eine Auslegungsregel enthält Satz 2: Die Versäumung der Einlegung eines Rechtsmittels soll niemals als Fahrlässigkeit angesehen werden dürfen. Der Satz ist dem entsprechenden in dem Gesetze von 1898 enthaltenen nachgebildet. Bemerkenswert ist, daß er generell das Gegenteil ausdrückt als die Vorschrift des § 839 Abs. 3 B.G.B.s: während in unserem Gesetz die genannte Versäumung grundsätzlich niemals ein Verschulden darstellen soll, wird sie an jenem Orte ebenso grundsätzlich als ein mit dem Verschulden des Beamten konkurrierendes Verschulden angesehen.

Eine besondere Vorschrift dahingehend, daß, wenn dem Verhafteten Vorsatz oder grobe Fahrlässigkeit nur bezüglich eines Teiles der Untersuchungshaft zur Last falle, der Anspruch auf Entschädigung nur insoweit ausgeschlossen werde, als die Haft infolge des Verhaltens des Beschuldigten verlängert werde, glaubten die Motive mit Recht als selbstverständlich ausschließen zu dürfen.[2]

Es fragt sich endlich, ob für den Fall, daß das über die Entschädigungspflicht befindende Gericht das Vorliegen des in § 2 Abs. 1 bezeichneten „konkurrierenden Verschuldens"[3] nicht annimmt und die Ersatzpflicht des Staates ausspricht, bei der späteren Feststellung der Höhe des Anspruches durch die oberste Behörde der Landesjustizverwaltung[4] bezw. durch die Gerichte[5]

---

[1] Meist wird freilich hier ein Verschulden vorliegen: wenn jemand weiß, daß er eine Ladung zur Hauptverhandlung zu gewärtigen hat und wenn er trotzdem abreist, ohne ein Ziel zu hinterlassen, ungeachtet er die Folgen kennt, welche sein Tun haben kann, so wird sein Verhalten im Regelfalle zweifellos als „grobe Fahrlässigkeit" in unserem Sinne bezeichnet werden dürfen.

[2] S. 9.

[3] Vgl. hierzu S. 73 Note 3 dieser Abhandlung.

[4] § 6 Abs. 2 des Gesetzes (vgl. S. 128 dieser Abhandlung).

[5] § 6 Abs. 3 des Gesetzes (vgl. S. 133 dieser Abhandlung).

dem Verhafteten eine ihn bezüglich seiner Verhaftung treffende leichte Fahrlässigkeit gemäß § 254 B.G.B.s zugerechnet werden kann. Es ist dies meines Erachtens ohne weiteres zu bejahen, einmal im Hinblick auf die unter § 14 dieser Abhandlung zu machenden Ausführungen, dann aber auch darauf, daß das Gesetz lediglich über die Grundlage, nicht aber über die Höhe der Entschädigung Bestimmung treffen will. Indes werden Fälle, in denen § 254 B.G.B.s Einfluß haben könnte, in der Praxis selten sein, weil (insoweit stimme ich den oben gegen unsere Bestimmung geäußerten Bedenken zu) die Feststellung einer geringen Fahrlässigkeit des Verhafteten in Bezug auf seine Verhaftung meist eine äußerst schwierige sein wird. Dagegen wird diese Feststellung bezüglich eines Vorsatzes oder einer groben Fahrlässigkeit für das mit der Hauptsache befaßte, erkennende oder beschließende Gericht nicht allzu große Schwierigkeiten bieten.

§ 11.

Trunkenheitszustand. Unredlichkeit. Unsittlichkeit. Vorbereitung eines Deliktes.

Gegenüber der allgemeinen Ausnahmevorschrift des § 2 Abs. 1 stellt das Gesetz in Absatz 2 daselbst kasuistisch eine Reihe von sogenannten „nicht notwendigen“ negativen Erfordernissen des Entschädigungsanspruches auf. Der Anspruch kann ausgeschlossen werden,

a) wenn die Tat in einem die freie Willensbestimmung ausschließenden Trunkenheitszustande begangen worden ist;

b) wenn die Tat eine grobe Unredlichkeit oder Unsittlichkeit in sich geschlossen hat;

c) wenn der Verhaftete die Verübung eines Verbrechens oder Vergehens vorbereitet hatte.

Der Absatz hat diese seine Gestaltung erst in der Reichstagskommission erfahren. Der Entwurf hatte eine wesentlich allgemeinere Fassung:

> „Der Anspruch kann ausgeschlossen werden, wenn das zur Untersuchung gezogene Verhalten des Verhafteten gegen die guten Sitten verstoßen hat.“

Der Reichstag hat diesen Wortlaut als zu allgemein verworfen, die Gedanken aber, von denen er getragen war, im wesentlichen acceptiert und in der vorliegenden kasuistischen Form zum gesetzgeberischen Ausdruck gebracht. Die Regierung führte damals zur Begründung des Entwurfes etwa folgendes aus:[1]

Der Abs. 2 habe den Zweck, dem Gerichte zu ermöglichen, eine Entschädigung auszuschließen, wenn sie mit dem Rechtsbewußtsein des Volkes in offenbaren Widerspruch treten würde. Es sei nicht ausgeschlossen, daß ein Angeklagter im Rechtssinne unschuldig sei, daß aber dennoch, weil sein Verhalten gegen die guten Sitten verstoße, ein Makel an ihm haften bleibe, der ihn nach dem gesunden Rechtsgefühl des Volkes als einer Entschädigung unwürdig erscheinen lasse. Gegen die guten Sitten aber verstoße das Verhalten des Verhafteten, wenn es sich mit den Geboten der Sittlichkeit — das Wort im weiteren Sinne von Ehre, Sitte und Anstand genommen — nicht vereinigen lasse.

So soll Entschädigung nicht verlangen können der Trunkenbold, dem ein schweres Verbrechen, wegen dessen er zur Untersuchungshaft gebracht worden ist, aus § 51 Str.G.B.s nicht zugerechnet werden kann. Denn wenn auch formell hier Unschuld vorliege, so sei das Verhalten des bei Begehung der Tat sinnlos betrunkenen Verhafteten doch ein derartig unwürdiges, unsittliches in dem genannten Sinne, daß die Gewährung einer Entschädigung hier nicht verstanden werden würde. — Noch deutlicher aber soll eine Verletzung der Gebote der Moral in folgenden Fällen zutage treten: Ein Geschäftsmann wird wegen wucherischer Praktiken zur Haft gebracht; im Laufe des Verfahrens aber stellt sich heraus, daß die Momente des Wuchers so, wie ihn das Strafgesetzbuch definiert, nicht vollständig vorliegen, daß der Angeklagte also des Wuchers unschuldig ist — gleichzeitig aber auch, daß der Verhaftete vom moralischen Standpunkte aus eine so schamlose Ausbeutung anderer Personen sich hat zuschulden kommen lassen, daß man sein Verhalten als ein anständiges, den Geboten der Moral entsprechendes nicht bezeichnen kann. Oder aber ein Wüstling wird wegen Verbrechens gegen § 176 Nr. 3 Str.G.B.s

[1] Mot. S. 9 f.

zur Haft gebracht; es ergibt sich aber im Laufe des Verfahrens, daß das Mädchen zu der Zeit, als der Angriff auf seine Ehre erfolgte, das 14. Lebensjahr gerade vollendet hat; daher kann trotz der Verwerflichkeit der Tat die Feststellung einer strafrechtlichen Schuld des Angeklagten nicht erfolgen. Auf gleiche Stufe werden von der Vorlage die in der Praxis so häufig vorkommenden Fälle gestellt, in denen der Verhaftete freigesprochen werden muß, weil lediglich straflose Vorbereitungshandlungen vorliegen oder weil zwar Versuch festgestellt werden kann, dieser aber im gegebenen Falle nicht mit Strafe bedroht ist.

Betrachtet man diese Einzelbeispiele, so wird man sie sämtlich in der jetzigen Fassung unseres Gesetzestextes wiederfinden. Die an Stelle des kurzen Wortlautes der Vorlage getretene kasuistische Regelung ist vom Reichstag lediglich um deswillen vorgenommen worden, weil man vor der Einführung des civilistischen Begriffes der „guten Sitten“ in das Gesetz zurückscheute. Diese Bedenken können nicht als völlig grundlos bezeichnet werden.[1] Jedenfalls sind aber die gesetzestechnischen Ausdrücke des jetzigen Textes durchaus im Hinblick auf diesen ursprünglichen umfassenden Begriff der „guten Sitten“ zu interpretieren; denn in allen Fällen sind es die moralische Verwerflichkeit der Handlungsweise des Verhafteten, der Verstoß seiner Tat gegen die Gebote von Sitte, Ehre und Anstand, welche die Gewährung einer Entschädigung an ihn als dem Rechtsbewußtsein zuwiderlaufend und darum unangebracht erscheinen lassen.

Im Einzelnen ist hier noch folgendes zu bemerken:

1. Bezüglich des ersten Falles, in dem der Verhaftete freigesprochen wird, weil er seine Tat in einem die freie Willensbestimmung ausschließenden Trunkenheitszustande begangen

---

[1] Im Gegensatze zu den Begriffen des vorigen Paragraphen „Vorsatz“ usw. würde der Begriff der „guten Sitten“ strafrechtlich zu interpretieren sein, da er sich mit der Tat des Verhafteten als solcher befaßt. Ein strafrechtlicher Begriff der „guten Sitten“ ist aber bislang unbekannt. — Richtig ist auch der Hinweis darauf, daß der Strafrichter nicht die Aufgabe hat, moralischer Zensor zu sein, jedenfalls nicht in dem der Vorlage eigenen weitgehenden Umfange. — Ein weiterer Gegengrund siehe S. 80 f. dieser Abhandlung, besonders S. 81 Anm. 1. Vgl. den Stenogr. Ber. S. 649, 655, 663 u. a.

hat, wurde bereits oben[1] ausgeführt, daß damit dieses freisprechende Erkenntnis bezüglich der Entschädigungsfrage prinzipiell von allen sonstigen gemäß § 51 Str.G.B.s erfolgenden Freisprechungen abweicht. — Die Entscheidung der Frage, ob im einzelnen Falle eine Entschädigung zu gewähren oder zu versagen sei, hat der Richter an der Hand der oben aufgestellten Leitsätze zu prüfen; stellt sich danach das Verhalten des Verhafteten bei der Tat als ein moralisch nicht verwerfliches oder nicht allzu verwerfliches dar, so wird ihm eine Entschädigung nicht versagt werden dürfen. Dies gilt namentlich, wenn der Verhaftete unverschuldet in Trunkenheit geraten ist[2]; doch wird man auch sonst eine Entschädigung gewähren, wenn der Verhaftete im allgemeinen kein Trunkenbold, sondern ein ordentlicher Mensch ist; einem Trinker gegenüber ist eine Entschädigung nicht am Platze.

2. Was die Interpretation der Begriffe „Unredlichkeit" und „Unsittlichkeit" anlangt, so sind auch hier rein ethische Gesichtspunkte maßgebend. Vom Standpunkte der Moral bleibt der „Betrüger" ein „Betrüger", auch wenn die Tatbestandsmerkmale des § 263 Str.G.B.s nicht sämtlich erfüllt sind und der Staat daher die Strafverfolgung des „Unschuldigen" aufgeben muß; und ebenso wird durch den Umstand, daß das unzüchtig berührte Kind zu der Zeit, als seine Ehre angegriffen wurde, das 14. Lebensjahr gerade vollendet hatte, an der Verwerflichkeit des verübten Fleischesverbrechens trotz dessen Straflosigkeit in ethischer Beziehung nichts geändert. Man hat der Vorschrift vorgeworfen, daß sie den Strafrichter zum Sittenrichter mache und ihm damit eine Aufgabe aufbürde, die dem Charakter des Strafverfahrens fremd sei — nicht mit Unrecht, wie bereits hervorgehoben —; jedenfalls aber war, sollten einmal Ausnahmen von der staatlichen Entschädigungsverpflichtung aufgestellt werden, der beschrittene Weg vom Standpunkte der Ethik wie des gesunden Rechtsbewußtseins durchaus der rechte.

Im einzelnen bedeutet der Begriff „Unredlichkeit": jedes moralisch verwerfliche Handeln in Bezug auf fremdes

[1] S. 60 Anm. 1 dieser Abhandlung.

[2] Vgl. Komm.Ber. S. 17; Stenogr. Ber. S. 2700.

Vermögen. Man wird in diesem Rahmen den Begriff so weit als möglich fassen, den Rahmen selbst allerdings nicht überschreiten dürfen: nach dem Sprachgebrauch[1] kann beispielsweise in einem gegen die Person eines anderen gerichteten verwerflichen Tun eine „Unredlichkeit" niemals erblickt werden.[2 3]

Auch der Begriff „Unsittlichkeit" ist ein verhältnismäßig enger; er umfaßt lediglich ein moralisch anfechtbares Tun auf sexuellem Gebiete. Dies wollte einmal der Gesetzgeber selbst[4]; dann aber geht aus der ganzen Entstehungsgeschichte der Vorschrift in ihrer jetzigen Fassung hervor, daß nicht etwa der weitere, dem früheren Begriffe der „guten Sitten" entsprechende Begriff darunter verstanden werden darf, sondern jenes eng umgrenzte Gebiet, das mit dem 13. Abschnitt im zweiten Buche des Strafgesetzbuches in Beziehung steht.

Hervorzuheben ist noch, daß im Gesetz eine grobe Unredlichkeit und eine grobe Unsittlichkeit[5] gefordert wird, um eine Versagung des Entschädigungsanspruches zu ermöglichen.

Dadurch, daß, wie oben gezeigt, die Reichstagskommission lediglich die Beispiele aus den Motiven der kasuistischen Regelung, welche an die Stelle des früheren mit dem Begriff „gute Sitten" operierenden Textes trat, zu Grunde legte, ist die Tat des Verhafteten bezüglich ihrer moralischen Beschaffenheit nach zwei völlig divergierenden Einzelrichtungen hin der Betrachtung des Strafrichters unterworfen worden. So eigentümlich sich auch diese Regelung anläßt, sie unterscheidet sich vor-

---

[1] Ein streng juristisch zu umschreibender Begriff sollte ja eben mit dem Begriff „Unredlichkeit" nicht gegeben werden.

[2] Z. B. jemand ist aus § 239 Str.G.B.s angeklagt. Er muß aber freigesprochen werden, weil sich herausstellt, daß er die persönliche Freiheit des anderen nicht aufgehoben, sondern nur dessen freie Bewegung beschränkt oder erschwert hat (vgl. OLSHAUSEN § 239 Note 3). Hier verstößt das Tun des Angeklagten zweifellos „gegen die guten Sitten" (die frühere Fassung der Vorschrift würde also angewendet werden können); aber eine „Unredlichkeit" kann man doch darin in keiner Weise erblicken.

[3] Vgl. übrigens auch den Begriff „unredlich" in § 716 B.G.B., 118 H.G.B., woselbst er sich ebenfalls nur auf das Vermögen bezieht.

[4] Komm.Ber. S. 17.

[5] Komm.Ber. S. 17.

teilhaft von der Allgemeinheit des früher gewählten Begriffes, indem sie die moralische Prüfung der Tat auf bestimmte, fest umgrenzte Gebiete richtet und damit die Beurteilung des Verhafteten in sittlicher Beziehung nicht rein vom Gefühl des Richters abhängig macht, was unter Umständen sein Bedenkliches haben könnte.[1]

3. Schließlich soll auch in dem Falle, daß der Verhaftete durch Vorbereitung eines Verbrechens oder Vergehens eine sittlich verwerfliche Handlung begangen hat, die Entschädigung des Freigesprochenen ausgeschlossen werden können. Die Vorbereitung einer strafbaren Handlung ist nach unseren moralischen Anschauungen etwas Verwerfliches, gleichviel ob der Täter erst mit den Vorbereitungshandlungen begonnen oder bereits den strafrechtlichen Tatbestand des Versuches erfüllt hatte. Darum ist es folgerichtig, auch hier die Entschädigung selbst dann zu versagen, wenn nach den Vorschriften des Strafgesetzbuches die Freisprechung des Verhafteten erfolgen muß.

Der Begriff „Vorbereitung einer Handlung" ist möglichst weit zu fassen: er umfaßt daher auch den strafrechtlichen Versuchsbegriff.[2]

§ 12.

Das Vorleben des Verhafteten.

Als letztes negatives Erfordernis, dessen Beachtung aber gleichfalls dem Richter freigestellt wird, führt das Gesetz an: der Verhaftete darf nicht in bestimmter Weise vorbestraft sein. Der Gedanke der Bestimmung, die mit geringen Ver-

[1] Vgl. Stenogr. Ber. S. 655. Es ist leicht denkbar, daß ein Gericht, welches den Angeklagten von der Anklage des § 95 Str.G.B.s freispricht, nach der alten Fassung des Gesetzes sagt: die Kritik am Staatsoberhaupt ist nicht gerade beleidigend, aber doch so scharf, daß sie „gegen die guten Sitten verstößt". — Auch ist es nicht undenkbar, daß ein Gericht, welches den Angeklagten von der Anklage des § 153 Gew.O. freispricht, den Umstand, daß der Angeklagte Streikposten gestanden hat, als „gegen die guten Sitten verstoßend" ansieht. Vgl. die umfangreiche Literatur zu § 153 Gew.O.

[2] Dies gilt für diejenigen strafbaren Handlungen, bei denen der Versuch nicht mit Strafe bedroht ist.

änderungen aus der Regierungsvorlage herübergenommen worden ist, ist jedenfalls dieser: Bei Verfolgung gewisser Verbrechen — als Beispiele führen die Motive Einbruchsdiebstähle und Sittlichkeitsverbrechen an — wird sich der Verdacht häufig auf solche Personen lenken, die sich ähnlicher Dilekte bereits schuldig gemacht haben: der Verdacht, der zu ihrer Verhaftung führt, ist „die unvermeidliche Folge ihres früheren, aus dem Gedächtnis ihrer Umgebung noch nicht geschwundenen verbrecherischen Verhaltens“.[1]

Aber das Gesetz hat diesen Gedanken nicht ganz folgerichtig zum Ausdruck gebracht: es will dem Richter gestatten, eine Entschädigung zu versagen, wenn überhaupt Vorstrafen bestimmter Art auf seiten des Verhafteten vorliegen, gleichviel wegen welchen Dilektes sie verhängt worden sind. Damit aber wird die Grundidee der ganzen Vorschrift verwischt. Man hat nicht ganz mit Unrecht betont, daß damit der Verhaftete, der das Unglück gehabt habe, wegen irgend eines Deliktes zu einer Strafe der bezeichneten Art verurteilt gewesen zu sein, innerhalb einer gewissen Frist zu einer minderwertigen, vom Recht minder beschützten Person gestempelt werde.[2] Jedenfalls ist nicht einzusehen, weshalb der mit Zuchthaus vorbestrafte Dieb grundsätzlich einer Entschädigung verlustig gehen kann, wenn er wegen Verdachtes eines Sittlichkeitsverbrechens verhaftet wird, aber wieder entlassen werden muß, weil sich bezüglich dieses Deliktes seine vollständige Unschuld ergiebt; die Verhaftung wegen des Sittlichkeitsverbrechens kann doch keinenfalls als „unvermeidliche Folge“ seines früheren diebischen Verhaltens angesehen werden! Es soll ja zwar auch hier freies richterliches Ermessen obwalten — aber bereits die Möglichkeit einer derartigen Judikatur gibt zu hinreichenden Bedenken Anlaß. Besonders gilt dies, wenn gegen den Verhafteten zur Zeit der Verhaftung eine der sogen. Nebenstrafen noch in Geltung war, er also sich nicht im Besitz der bürgerlichen Ehrenrechte befand (§§ 32 ff. Str.G.B.s) oder unter Polizeiaufsicht stand (§§ 38, 39 das.) oder der Landespolizeibehörde gemäß §§ 181a, 362 Str.G.B.s überwiesen war.

[1] Mot. zu § 2.

[2] Sten. Ber. S. 653.

Denn wenn das Gesetz ausspricht, daß diesen Personen generell die Entschädigung versagt werden könne, so liegt die Schlußfolgerung nahe, daß damit jene Nebenstrafen gleichsam mit einer neuen Wirkung ausgestattet werden sollen — daß nämlich ein derart Bestrafter auch bei noch so geringem Verdacht einer beliebigen strafbaren Handlung lediglich auf Grund des Vorhandenseins jener Nebenstrafen ohne weiteres oder doch unter weniger sorgfältiger Prüfung des Vorliegens der Hafterfordernisse in Haft genommen werden könne, weil er ja doch ein Recht auf Entschädigung nicht habe. Eine solche Schlußfolgerung ist bedenklich und wohl auch vom Gesetzgeber in keiner Weise gewollt, immerhin aber bei logischer Betrachtung der geschaffenen Vorschrift nicht allzu fern liegend.[1]

Dritter Abschnitt.

Die Entschädigung.

§ 13.

Die Entschädigungsberechtigten.

Im vorigen Abschnitte dieser Abhandlung wurde ausgeführt, unter welchen Umständen freigesprochene oder außer Verfolgung gesetzte Personen für erlittene Untersuchungshaft Entschädigung aus der Staatskasse verlangen können. Aber nicht nur dem Verhafteten selbst will das Gesetz in solchen Fällen einen Ausgleich für die Unbilden der Untersuchungshaft gewähren: auch die Personen, „denen der Verhaftete kraft Gesetzes unterhaltspflichtig war", sollen einer Entschädigung teilhaftig werden (§ 1 Abs. 2 des Ges.).

Mit dieser Ausdehnung des Kreises entschädigungsberechtigter Personen auch auf Unterhaltsberechtigte des Verhafteten —

[1] Eine gewisse Parallele bietet ja freilich bereits § 113 Str.P.O., wonach die bloße Tatsache der Vorbestraftheit bezüglich einer späteren Verhaftung eine benachteiligte Stellung des Vorbestraften begründet. Vgl. übrigens auch §§ 103, 104, 106 Str.P.O.

einer Bestimmung, welche sich entsprechend modifiziert bereits in dem Gesetze von 1898 findet — hat der Gesetzgeber einem Gebote der Billigkeit in glücklicher Weise Rechnung getragen. Denn oftmals werden die Unterhaltsberechtigten von einer Untersuchungshaft, welche ihren Ernährer ereilt, noch härter betroffen werden, als Letzterer selbst. Zudem befindet sich jene Vorschrift in bewußter Übereinstimmung mit den Grundsätzen, welche die neuere Gesetzgebung über die Arbeiterversorgung beherrschen.[1]

Dagegen gebührt den Erben des Verhafteten als solchen eine Entschädigung nicht. Nur wenn der Anspruch des Verhafteten bei seinem Tode bereits durch einen nach § 4 des Ges. erlassenen Entschädigungsbeschluß festgelegt und damit zu einem vererblichen Bestandteil seines Vermögens geworden ist[2], geht er auf die Erben des Verhafteten über.[3] Wenn jedoch der Verhaftete vor Erlassung des Entschädigungsbeschlusses stirbt, so ist ein Anspruch, der auf die Erben übergehen könnte, gar nicht zur Entstehung gelangt.[4] — Sind die Unterhaltsberechtigten zugleich Erben, so gelangen sie damit unter Umständen zweimal in den Besitz einer Entschädigung.[5]

Nach § 1 Abs. 2 des Ges. wird der Kreis der entschädigungsberechtigten Dritten lediglich auf solche Personen beschränkt, „denen gegenüber der Verhaftete kraft Gesetzes unterhaltspflichtig war“. Damit entfällt eine Entschädigungspflicht der Staatskasse gegenüber Personen, die lediglich ein vertragsmäßiges Recht auf Unterhalt gegen den Verhafteten besaßen. Das Gesetz kann sich praktischerweise nur solcher Personen annehmen, die durch die Verhaftung eine Vermögenseinbuße lediglich deswegen erleiden, weil sie mit dem Verhafteten durch die Bande der Familie oder — beim außerehelichen Kinde — wenigstens durch

---

[1] Für das Gesetz von 1898 übereinstimmend Ritter S. 41f.

[2] Vgl. auch § 17 dieser Abhandlung.

[3] So z. B. auch Mamroth zu § 1 Note 4b.

[4] Daß gleichwohl in einem solchen Falle ein Anspruch der Unterhaltsberechtigten in Frage kommen kann, wurde bereits oben (S. 69ff.) ausgeführt.

[5] Vgl. jedoch S. 98 dieser Abhandlung.

die Bande des Blutes auf das engste verknüpft sind. Weiter zu gehen, würde mit unüberwindlichen Schwierigkeiten verknüpft sein, zumal man, wenn hier auch die vertragsmäßig Unterhaltsberechtigten einer Entschädigung teilhaftig werden sollten, mit gleichem Rechte jeden Dritten entschädigen müßte, der infolge der Verhaftung einen Vermögensschaden erlitten hätte.[1]

Über die Frage, wer im einzelnen kraft Gesetzes unterhaltsberechtigt ist, entscheiden die Vorschriften des Bürgerlichen Rechtes. Nach dem Bürgerlichen Gesetzbuche sind dies folgende Personen:

a) Verwandte in gerader Linie;

b) der Ehegatte während der Ehe, unter Umständen aber auch nach Beendigung der Ehe;

c) uneheliche Kinder gegenüber ihrem Vater.

Im einzelnen ist hier folgendes zu bemerken:

1. Verwandte in gerader Linie, also Personen, deren eine von der anderen abstammt (§ 1589 Abs. 1 B.G.B.s; uneheliche Kinder gelten nach Abs. 2 mit ihrem Vater als nicht verwandt), sind gemäß § 1601 das. verpflichtet, einander Unterhalt zu gewähren; freilich müssen auf Seiten des Berechtigten die Voraussetzungen des § 1602, auf Seiten des Verpflichteten die des § 1603 B.G.B.s vorliegen. Den Umfang dieses Anspruches bestimmen die §§ 1610, 1611 B.G.B.s. — Personen, welche durch nachfolgende Ehe der Eltern (§§ 1719 ff.), durch Ehelichkeitserklärung (§§ 1723 ff.) oder mittels Annahme an Kindesstatt (§§ 1741 ff.) in einen neuen Familienverband aufgenommen werden, gelten zwar nach dem Sprachgebrauche des Bürgerlichen Gesetzbuches nicht als verwandt mit den Gliedern dieser neuen Familie, erlangen aber gemäß §§ 1719, 1736, 1757 B.G.B.s ganz oder teilweise die rechtliche Stellung eines ehelichen Kindes und damit nach richtiger Ansicht[2] auch diejenige eines Verwandten. Unbeschränkt gilt dies bei dem durch nachfolgende Ehe legitimierten Kinde; bezüglich der Ehelichkeitserklärung kommen die

[1] Ein zum Empfang einer Leibrente vertragsmäßig Berechtigter hat darum keinen Anspruch aus § 1 Abs. 2 des Gesetzes. — Vgl. übrigens auch S. 93 dieser Abhandlung.

[2] Ritter S. 42.

einschränkenden Vorschriften des § 1737, bezüglich der Adoption diejenigen der §§ 1757, 1762, 1763 in Betracht. Naturgemäß tritt die Unterhaltsberechtigung in den einzelnen Fällen nur insoweit ein, als der in den neuen Familienverband Aufgenommene die rechtliche Stellung eines Verwandten erlangt.[1]

2. Die Ehegatten sind, solange die Ehe besteht, einander zur Gewährung von Unterhalt verpflichtet. Den Umfang dieses Unterhaltes bestimmt § 1360 B.G.B.s für beide Teile verschieden; zudem ist der Mann unbedingt verpflichtet, die Frau nur bei Bedürftigkeit des Mannes. — Nach Scheidung der Ehe gilt § 1578 (auch § 1579) B.G.B.s; hier ist nur der allein für schuldig erklärte Ehegatte zur Gewährung von Unterhalt verpflichtet und zwar die Frau lediglich bei Bedürftigkeit des Mannes, der Mann unter den Voraussetzungen des § 1578 Abs. 1 (vgl. indes auch § 1579 Abs. 2). — Den allein schuldigen Ehegatten stehen bezüglich der Unterhaltsverpflichtung gleich: der anfechtende Ehegatte des § 1351 und der nicht geisteskranke Ehegatte des § 1583 B.G.B.s; vgl. auch die Bestimmung des § 1345 B.G.B.s.

3. Unehelichen Kindern ist bis zur Vollendung ihres 16. Lebensjahres, eventuell noch darüber hinaus, von ihrem Vater ohne Rücksicht auf ihre Bedürftigkeit nach Maßgabe des § 1708 B.G.B.s Unterhalt zu leisten. — Bezüglich des Unterhaltes an die sog. „nicht ehelichen“ Kinder aus nichtigen Ehen ist die Sondervorschrift des § 1703 das. gegeben.[2]

Da die Unterhaltspflicht des unehelichen Vaters wie des für allein schuldig erklärten Ehegatten und derjenigen Ehegatten, welche den „allein schuldigen“ gleich behandelt werden, gemäß §§ 1712, 1582 B.G.B.s vererblich ist, so gehören zu den Unterhaltsberechtigten eines Verhafteten — falls dieser nicht

---

[1] Danach haben keinen Unterhaltsanspruch: das für ehelich erklärte Kind gegenüber den Aszendenten seines Vaters und umgekehrt (§ 1737), das adoptierte Kind und dessen Abkömmlinge gegen die Aszendenten des Annehmenden und umgekehrt (§ 1763).

[2] Bezüglich der Unterhaltsgewährung an solche Kinder aus nichtigen Ehen, welche nach § 1699 B.G.B.s „als ehelich gelten“, bewendet es bei den allgemeinen Vorschriften.

von der Befugnis des § 1712 Abs. 2 das. Gebrauch gemacht hat[1] — unter Umständen die unehelichen Kinder sowie der geschiedene Ehegatte seines Erblassers.

§ 14.
Zum Begriff „Entschädigung“.

Der Anspruch der in dem vorigen Paragraphen aufgezählten, durch die Untersuchungshaft geschädigten Personen geht auf Gewährung einer Entschädigung für diese Untersuchungshaft aus Staatsmitteln. Dieser Begriff bedarf hier zunächst einer kurzen Charakterisierung.

„Entschädigung“ bedeutet wörtlich soviel als: Befreiung von einem Schaden, und damit: Ausgleichung, Ersetzung des entstandenen Schadens, Schadensersatz.[2] Dem Charakter der Sache nach muß dieser Schadensersatz, da Restitution nicht möglich ist, in Geld geleistet werden.[3] Daraus ergibt sich die Gleichstellung des Begriffes „Entschädigung“ mit „Schadensersatz in Geld“, durch welche sich das Gesetz in terminologische Übereinstimmung mit der sonstigen hier in Betracht kommenden Reichsgesetzgebung gesetzt hat[4]

An dieser Stelle entsteht vor allem die Frage, ob bezüglich des hier behandelten Anspruches auf Schadensersatz in Geld die Vorschriften des bürgerlichen Rechtes über den Schadensersatz in Anwendung gebracht werden dürfen.[5] Wenn

---

[1] § 1582 Abs. 2, 3 kommt nicht in Betracht, da es sich hier nicht um eine Abfindung (wie in § 1712 Abs. 2), sondern lediglich um Herabsetzung der Rente handelt.

[2] Vgl. § 2 des Gesetzes von 1898, § 3 unseres Gesetzes, wo ausdrücklich vom „Ersatz“ eines „Schadens“ gesprochen wird.

[3] Vgl. auch § 5 Satz 2, § 7 Abs. 1, § 8 des Gesetzes, wo von „Zahlung“ der Entschädigung gesprochen wird.

[4] Vgl. B.G.B. §§ 249, 253, 847, 1300; ferner Str.P.O. §§ 70, 84; C.P.O. §§ 401, 413; Gesetz vom 20. Mai 1898 § 1 ff. u. a.

[5] Unzweifelhaft ist dies (vgl. den vorigen Paragraphen) bezüglich des Begriffes der Unterhaltspflicht und der Person der Unterhaltsberechtigten, da sich hier das Gesetz ausdrücklich auf das B.G.B. bezieht (vgl. den Wortlaut des § 1 Abs. 2 des Gesetzes: „denen gegenüber er kraft Gesetzes unterhaltspflichtig war“.

dies etwa mit der Begründung verneint würde, daß der hier statuierte Anspruch gar kein civilistischer sei, da er nicht im Wege des Civilverfahrens verfolgt werden könne, vielmehr teils — nämlich gewissermaßen dem Grunde nach — der Strafrichter § 4 des Gesetzes), teils — dem Betrage nach — die oberste Behörde der Landesjustizverwaltung (§ 6 das.) über ihn zu befinden habe[1], so ist dem gegenüber zu betonen, daß diese rein prozessualen Momente doch keineswegs daran hindern können, eine materielle Interpretation des dem bürgerlichen Recht entlehnten und ihm im Grunde seines Wesens angehörigen Begriffes des „Schadensersatzes" an der Hand des Bürgerlichen Rechtes vorzunehmen. Aber auch jener prozessuale Einwand würde selbst im Falle seiner sonstigen Annehmbarkeit nicht durchschlagen; denn mit der für den Fall des § 6 Abs. 3 erfolgten Zulassung des Civilrechtsweges wird für diesen Teil des Verfahrens unzweifelhaft die Auslegung unseres Begriffes in civilrechtlichem Sinne vorgeschrieben; daraus aber ergiebt sich, da ein und derselbe Begriff in demselben Gesetz nur einerlei Auslegung erfahren kann, im Wege des Rückschlusses die civilistische Interpretation desselben auch für die übrigen Stadien des Verfahrens mit Notwendigkeit.

Die anzuwendenden civilrechtlichen Normen sind die des Bürgerlichen Gesetzbuches §§ 249ff., da nach richtiger Ansicht Reichssondergesetze, die später als das Bürgerliche Gesetzbuch erlassen werden — dies ist bei unseren beiden Gesetzen der Fall — mit den allgemeinen Rechtsbegriffen den Sinn verbinden, den diese im Bürgerlichen Gesetzbuche haben.[2] Die Vorschriften des Bürgerlichen Gesetzbuches sind also überall da zur Begriffsbestimmung heranzuziehen, wo das Gesetz nicht ausdrücklich etwas anderes vorschreibt oder wo die Anwendung der Normen des Bürgerlichen Gesetzbuches durch den eigenartigen Charakter unseres Gesetzes nicht von selbst ausgeschlossen wird.

Nach dem Gesagten sind von vornherein unanwendbar die §§ 249, 250 B.G.B.s: denn die Herstellung ist naturgemäß nicht möglich (§ 251 das.). Bezüglich § 255 wird auf § 18 dieser

[1] Vgl. S. 128 dieser Abhandlung.

[2] So ENDEMANN, Bd. 1 S. 72 Anm. 11.

Abhandlung verwiesen.[1] Was die Vorschrift des § 254 anlangt, so wurde bereits oben[2] darauf hingewiesen, daß der in derselben enthaltene Grundgedanke in § 2 Abs. 1 des Gesetzes in veränderter Form zum Ausdruck gelangt ist; daher kann auch hier das Bürgerliche Gesetzbuch nur in den dortselbst angeführten Grenzen herangezogen werden. Dagegen greift unzweifelhaft die Bestimmung des § 252 B.G.B.s auch für unsern Begriff Platz und wird damit eine Norm für den Umfang des zu ersetzenden Schadens gegeben; denn zumeist wird gerade in unserem Falle erst durch Heranziehung dieser Vorschrift die Höhe der zu gewährenden Entschädigung richtig bestimmt werden können.[3]

Was endlich die den Gegenstand des Entschädigungsanspruches regelnde Vorschrift des § 253 B.G.B.s anlangt, so ist dieselbe für unser Gesetz irrelevant geworden; denn der Gedanke derselben findet sich unverändert in § 3 Abs. 1 des Gesetzes wieder. Allerdings gilt diese Bestimmung nur für den Verhafteten selbst; Unterhaltsberechtigten ist lediglich insoweit Ersatz zu leisten, als ihnen durch die Verhaftung der Unterhalt entzogen worden ist (§ 3 Abs. 2 des Gesetzes).

Die Bedeutung dieser Vorschriften soll in den folgenden Paragraphen noch näher dargelegt werden.

§§ 15, 16.

Der Gegenstand des Entschädigungsanspruches.

§ 15.

I. Der Ersatzanspruch des Verhafteten selbst.

§ 3 Abs. 1 des Gesetzes bestimmt:

„Gegenstand des dem Verhafteten zu leistenden Ersatzes ist der für ihn durch die Untersuchungshaft entstandene Vermögensschaden."

[1] S. 102 Anm. 3.

[2] S. 73 dieser Abhandlung.

[3] Näheres vgl. § 15 dieser Abhandlung. — Die gleiche Ansicht vertrat auch die Regierung in der Kommissionsberatung, ohne Widerspruch zu finden (Komm.Ber. S. 19).

Die Vorschrift steht damit durchaus auf dem Boden der obengenannten Vorschrift des Bürgerlichen Gesetzbuches (§ 253), welche dem Sinne nach dahin lautet:

„Für einen Schaden, der nicht Vermögensschaden ist, kann nur in Ausnahmefällen Entschädigung verlangt werden; in der Regel bleibt er unersetzt."

Der Standpunkt unseres Gesetzes ist nach alledem folgender: Entschädigung wird gewährt einerseits „für jede Verschlechterung der wirtschaftlichen Lage, welche sich in Geldwert ausdrücken läßt"[1], daher auch „für alle vermögensrechtlichen Nachteile, welche der Umstand der Verhaftung für Erwerb oder Fortkommen des Verhafteten herbeiführt"[2], soweit diese Nachteile in einem konkreten „entgangenen Gewinn" bestehen[3], — andererseits aber nicht für immateriellen Schaden irgend welcher Art. Das Gesetz steht damit durchaus auf dem Boden des Gesetzes von 1898, welches gleichfalls bei immateriellem Schaden jedwede Entschädigung grundsätzlich abgelehnt hat.

Diese Stellungnahme unserer Gesetze war bei den Beratungen des Reichstages eine heftig umstrittene.[4] Von den verschiedensten Seiten wurde wiederholt und lebhaft gefordert, eine Ausdehnung des Anspruches auch auf den immateriellen Schaden stattfinden zu lassen. Die Antragsteller bezogen sich dabei zumeist auf den Inhalt des § 847 B.G.B.s und betonten, daß, wenn daselbst dem Privatmann für den Fall der Freiheitsentziehung eine derartig weitgehende Schadensersatzpflicht auferlegt werde, der Staat erst recht für verpflichtet angesehen werden müsse, für den durch seine Organe verursachten immateriellen Schaden Ersatz zu leisten.

Aber dieser Schluß ist nicht zwingend. In § 847 B.G.B.s

---

[1] Mot. zu § 2 des Gesetzes von 1898; Mot. zu § 3 unseres Gesetzes.

[2] So die Regierung in der Kommissionsberatung (Komm.Ber. S. 19).

[3] Diese Einschränkung hat die Regierung bei der Kommissionsberatung nicht gemacht. So wünschenswert auch die Auslegung im weiteren Sinne wäre, sie erscheint durch den Wortlaut des Gesetzes in nichts gestützt, durch das — gemäß den Ausführungen des vorigen Paragraphen heranzuziehende — B.G.B. (§§ 252 vbd. 842, der sich nur auf unerlaubte Handlungen bezieht) aber direkt ausgeschlossen. Übereinstimmend Köhler, G.Saal Bd. 64 S. 352; Birkmeyer, Münchener Neueste Nachrichten 1904 Nr. 172.

[4] Vgl. z. B. Sten. Ber. zu unserem Gesetz S. 649, 656, 660, 678f., 2701ff.

handelt es sich lediglich um schuldhafte, als unerlaubte Handlung sich darstellende Freiheitsentziehung; hier aber ist gerade, wie oben gezeigt, eine unerlaubte Handlung keineswegs notwendige Grundlage des Entschädigungsanspruches, es wird vielmehr auch Entschädigung gewährt, wenn die Verhaftung sich als eine vollkommen ordnungsgemäße, den Vorschriften der Strafprozeßordnung durchaus entsprechende Freiheitsentziehung darstellt. Die Grundlagen beider Ansprüche und somit die Ansprüche selbst sind danach gänzlich verschieden; darum ist es an sich nicht angängig, aus der Vorschrift des § 847 B.G.B.s eine Verpflichtung des Staates zu weitergehender Entschädigung auch für unser Gesetz herleiten zu wollen.[1]

Andererseits aber setzt ein Anspruch auf Ersatz immateriellen Schadens selbstverständlich nicht notwendig ein unerlaubtes Tun voraus (vgl. z. B. § 1300 B.G.B.s). Ist damit die gedachte Ausdehnung begrifflich keineswegs ausgeschlossen, so erscheint sie praktisch in hohem Maße wünschenswert, wenn man erwägt, daß die staatliche Verhaftung in den Augen des Volkes nicht mit Unrecht eine ungleich schwerere Freiheitsentziehung darstellt als die von einem Privatmann vorgenommene, und daß danach in sehr vielen Fällen der entstandene Vermögensschaden an Bedeutung für den Verhafteten weitaus zurückstehen wird hinter den durch Verletzung seiner Ehre, seiner Freiheit, seiner Gesundheit, durch Verursachung körperlichen Unbehagens und seelischer Schmerzen ihm zugefügten Unbilden. Wenn bezüglich aller dieser Momente die Entschädigung durch unser Gesetz prinzipiell ausgeschlossen wird, so muß man sagen: das Gesetz ist bei der Lösung der ihm gestellten Aufgaben auf halbem Wege stehen geblieben; wenn es einmal als Rechtspflicht anerkannte, daß der Staat — auch bei Nichtvorliegen einer unerlaubten Handlung seiner Organe — für die durch die Untersuchungshaft dem Verhafteten entstandenen Unbilden soweit als möglich zu entschädigen habe, dann mußte es, wollte es ganze Arbeit tun, folgerichtig den Ersatz gegenständlich nicht allein auf das Rechtsgut des Vermögens beschränken, sondern jede dem Verhafteten ent-

[1] Übereinstimmend u. a. auch Hamm, D.J.Z. 1904 S. 180.

standene Unbill wieder gut machen und, wo eine genaue Feststellung des Schadens nicht möglich war wie eben bei jenen imponderabelen Gütern, ihm nach Vorbild der §§ 847, 1300 B.G.B.s einen billigen, die ausgestandenen Widerwärtigkeiten einigermaßen ausgleichenden Geldersatz gewähren.[1]

Es ist entschieden zu bedauern, daß das Gesetz es unterlassen hat, den einmal beschrittenen Weg in der bezeichneten Weise weiterzugehen. Innerhalb des jetzigen Rechtszustandes werden bestimmte Klassen von Personen in der Regel überhaupt nicht entschädigt: der von seinen Zinsen lebende Reiche, der Beamte, soweit er in seiner Stellung belassen worden ist, ebensowenig wie der arme Gelegenheitsarbeiter, der wandernde Handwerker. Bezüglich aller dieser Personen, die einen positiven Schaden selten werden nachweisen können, es sei denn, daß sie eben durch die Verhaftung in ihrem Erwerb oder Fortkommen geschmälert worden sind und ihnen dadurch ein Gewinn entgangen ist[2], bewendet es demnach praktisch zumeist mit dem die staatliche Entschädigungsverpflichtung aussprechenden Beschluß (§ 4 Abs. 1 des Ges.), ohne daß jedoch das durch diesen Beschluß dem Verhafteten verliehene Recht praktisch verwirklicht werden könnte. Das ist ein Zustand, der, ohne es zu wollen, tatsächlich eine gewisse Rechtsungleichheit schafft und damit nicht zu billigen ist. Der Einwand, daß Rechtsgüter wie Ehre, Freiheit, Gesundheit durch Geld überhaupt nicht zu ersetzen seien, ist zwar im allgemeinen zutreffend; es darf aber auf die obengenannten Vorschriften des Bürgerlichen Gesetzbuches hingewiesen werden, welche von dem Gedanken getragen sind, daß eine billige Geldentschädigung wenigstens einigermaßen ein Äquivalent für die zugefügten Unbilden zu gewähren vermöchte. Doppelt unbedenklich muß aber

---

[1] Im Resultat übereinstimmend besonders auch Winkler, Recht 8. Jahrg., S. 96; Köhler, G.Saal Bd. 64 S. 352. Letzterer sagt ausdrücklich: „. . . man muß die Freiheitsbeschränkung bei der Untersuchungshaft als ein des Ersatzes und der Genugtuungsleistung fähiges und würdiges Gut anerkennen, sofern man einmal entschlossen ist, Entschädigung für unschuldig erlittene Untersuchungshaft zu gewähren." — Vgl. auch S. 18 dieser Abhandlung (Billigkeitstheorie).

[2] Vgl. S. 90 dieser Abhandlung.

der Ersatz immateriellen Schadens in unserem Entschädigungsgesetze erscheinen, das ja nur den Unschuldigen bezw. Nichtverdächtigen eine Entschädigung gewährt!

Der Vermögensschaden muß für den Verhafteten selbst, nicht für Dritte entstanden sein. Es ist leicht denkbar, daß dritte Personen durch eine Verhaftung oft schwerer betroffen werden als der Verhaftete selbst — man denke an die Schließung einer Fabrik infolge der Verhaftung des vielleicht bemittelten Arbeitgebers, wodurch die Entlassung der Arbeiter zur ungünstigsten Zeit notwendig wird —; aber einen Entschädigungsanspruch haben die geschädigten Dritten nicht. Der Grund für die Versagung jenes Anspruches wird darin zu erblicken sein, daß das Gesetz anderenfalls jeder Einheitlichkeit und Übersichtlichkeit verlustig gegangen sein würde.[1] Andererseits kann freilich der Verhaftete, der von Dritten durch die Verhaftung indirekt geschädigten Personen in Anspruch genommen wird, eine grunddessen an jene Personen zu leistende Entschädigung im Rahmen des ihm selbst entstandenen Schadens namhaft machen und die geleistete Summe ersetzt verlangen.

Daß der Vermögensschaden durch die Untersuchungshaft[2] entstanden, mithin ein Kausalzusammenhang zwischen dieser und dem Schaden begründet sein muß, erscheint selbstverständlich.

§ 16.

II. Der Ersatzanspruch der Unterhaltsberechtigten.

Weit beschränkter noch als der Ersatzanspruch des Verhafteten selbst ist der Anspruch der in § 13 dieser Abhandlung aufgeführten Unterhaltsberechtigten: denn diese können nicht den gesamten, ihnen durch die Verhaftung erwachsenen Vermögensschaden ersetzt verlangen, vielmehr haben sie lediglich ein Recht auf Ersatz desjenigen Unterhaltes, welcher ihnen durch die Verhaftung entzogen worden ist (§ 3 Abs. 2 des Ges.).

---

[1] Vgl. dazu oben S. 84 f.

[2] inkl. die in § 3 Abs. 1 Satz 2 bezeichnete „dem Haftbefehl vorausgegangene Zeit der Haft“. Vgl. auch S. 23 f. dieser Abhandlung.

Die Vorschrift des § 3 Abs. 1, die sich strenggenommen ja nur auf den Verhafteten selbst bezieht, gilt, soweit sie den Ersatz immateriellen Schadens ausschließt, selbstverständlich auch hier; denn die „Entziehung des Unterhaltes" gehört zu den durch die Verhaftung entstandenen Vermögensnachteilen.

Der so begründete Anspruch ist mit Recht[1] als Schadensersatzanspruch, nicht als Anspruch auf Unterhaltsgewährung charakterisiert worden; denn der Staat wird durch den die Entschädigungsverpflichtung aussprechenden Beschluß nicht etwa den Personen des § 1 Abs. 2 an Stelle des Verhafteten unterhaltspflichtig, sondern er ersetzt lediglich den Schaden, der jenen Personen dadurch erwachsen ist, daß der unterhaltspflichtige Verhaftete diesen seinen Pflichten während der Haftzeit nicht nachkommen konnte.

An den so festgestellten Charakter unseres Anspruches knüpfen sich eine Reihe wichtiger Erörterungen.

Zunächst folgt daraus, daß die Unterhaltsberechtigten nicht mehr verlangen können, als ihnen der Verpflichtete an Unterhalt tatsächlich gewährt hätte, wenn er während der Haftzeit sich in Freiheit befunden haben würde. War er überhaupt erwerbsunfähig oder konnte er infolge seiner geringen Erwerbsfähigkeit Unterhalt an die Berechtigten nicht leisten, so ist diesen durch die Verhaftung Unterhalt seitens des Verhafteten nicht entzogen worden; ein Entschädigungsanspruch an den Staat entfällt daher. Das gleiche gilt, wenn der Verhaftete den Unterhalt wohl bestreiten konnte, ihn aber aus Nachlässigkeit oder Böswilligkeit nicht gewährt hat und auch nicht gewährt haben würde, wenn er in Freiheit verblieben wäre.[2] Ein Entschädigungsanspruch der Unterhaltsberechtigten ist schließlich auch dann ausgeschlossen, wenn zur Zeit der Verhaftung der Unterhalt von

---

[1] Lessing S. 46 IV; Ritter S. 55.

[2] Das Letztere muß freilich feststehen; wenn der Verhaftete, der sich jahrelang von seiner Familie ferngehalten hat, kurz vor seiner Verhaftung zurückkehrt und seinen Unterhaltspflichten wieder nachzukommen beginnt, so wird den Berechtigten zweifellos Entschädigung zuzubilligen sein.

Ritter S. 57 meint, es sei gleichgültig, ob der Verhaftete den Unterhalt tatsächlich gewährt habe oder nicht, es komme nur auf seine Fähigkeit zur Unterhaltsgewährung an. Das ist aber m. E. nicht folgerichtig.

einem Dritten an den Berechtigten geleistet worden ist[1], da auch hier eine Entziehung des Unterhaltes nicht vorliegt.[2]

Bei Berechnung der Höhe des Entschädigungsanspruches ist auch eine etwaige Verbesserung der Lage des Verhafteten, die sich während der Haftzeit ereignet und seine damit erhöhte Fähigkeit zur Gewährung von Alimenten in Rücksicht zu ziehen; andererseits muß freilich auch eine Verminderung der Leistungsfähigkeit infolge Alters, Krankheit, Siechtums u. a. in Betracht gezogen werden, soweit dieselbe nicht lediglich durch die Freiheitsentziehung als solche hervorgerufen worden ist.

Wenn nach alledem der Entschädigungsanspruch der Unterhaltsberechtigten lediglich auf dasjenige sich beschränkt, was ihnen der Verhaftete, wenn er in Freiheit verblieben wäre, hätte leisten können und auch tatsächlich geleistet hätte, und was ihnen auch nicht von dritter Seite geleistet worden ist, so unterliegt doch auch dieser so eng umgrenzte Anspruch noch einer weitergehenden Einschränkung. Wie Ritter zu dem Gesetze von 1898[3] richtig ausführt, stehen die Ausdrücke: „Entziehung des Unterhaltes“ § 3 Abs. 2), „Berechtigung zum Unterhalt“ (ebenda) und „Verpflichtung kraft Gesetzes zur Gewährung des Unterhaltes“ (§ 1 Abs. 2) in Wechselbeziehungen dergestalt, daß unter dem Begriffe „Unterhalt“ im Sinne beider Gesetze der gesetzliche Unterhalt, wie ihn das Bürgerliche Gesetzbuch festgestellt hat, zu verstehen ist. Was über diesen gesetzlichen Unterhalt hinausgeht, ist nach dem Bürgerlichen Gesetzbuche Schenkung, weil eine Verpflichtung zu weitergehender Leistung nicht besteht; entgangene

[1] Dieser Dritte hat, wie oben S. 93 ausgeführt, einen Entschädigungsanspruch nicht. Soweit ihn selbst nach dem Verhafteten eine Unterhaltspflicht traf, kann er von dem Verhafteten Ersatz dann nicht verlangen, wenn bei letzterem die Voraussetzungen des § 1603 vorliegen (§ 1607 Abs. 1); anderenfalls kann er sich (aus §§ 679, 683 B.G.B.s) an den Verhafteten selbst halten, der diese Entschädigungssumme bei Verfolgung des ihm nach § 1 Abs. 1 zustehenden Anspruches liquidieren kann. Vgl. S. 93 dieser Abhandlung.

[2] Eine solche könnte höchstens in Frage kommen, wenn der Verhaftete den Unterhalt in umfangreicherem Maße gewährt haben würde. Vgl. jedoch die folgenden Ausführungen des Textes.

[3] S. 55.

Schenkungen aber kann der Unterhaltsberechtigte nicht ersetzt verlangen. Der Anspruch des letzteren geht vielmehr lediglich auf dasjenige, was er gemäß den Einzelbestimmungen des Bürgerlichen Gesetzbuches (§§ 1610, 1611 bezüglich der Verwandten in gerader Linie; § 1360 bezüglich des Ehegatten; §§ 1578, 1579, 1583 bezüglich desselben nach Scheidung der Ehe — vgl. auch § 1351 —; §§ 1708, 1703 bezüglich der unehelichen resp. nicht ehelichen Kinder) als Unterhalt beanspruchen kann.

Hieraus ergiebt sich: was der Verhaftete über diese seine Verpflichtung hinaus dem Berechtigten zur Zeit seiner Verhaftung gewährt haben würde, kann bei Berechnung der den Unterhaltsberechtigten zu gewährenden Entschädigung nicht in Betracht gezogen werden. Ist Bedürftigkeit des anderen Teiles gesetzliche Voraussetzung der Unterhaltspflicht (vgl. z. B. §§ 1602, 1578 Abs. 2), so kann der Unterhaltsberechtigte Entschädigung nur verlangen, wenn er nachweisen kann, daß er zur Zeit der Untersuchungshaft bedürftig gewesen ist. Ähnlich kann das uneheliche Kind für die Zeit nach Vollendung seines 16. Lebensjahres einen Entschädigungsanspruch nicht mehr geltend machen, mag auch der Beweis zu erbringen sein, daß der Verhaftete es noch über diese Zeit hinaus unterhalten haben würde.[1]

Faßt man die hiernach gefundenen Resultate zusammen, so kann als Grundsatz für die Höhe des Entschädigungsanspruches der Unterhaltsberechtigten dieser gelten: Der Unterhaltsberechtigte hat einerseits nur zu fordern, was er rechtlich beanspruchen konnte, auch wenn er tatsächlich mehr erhalten hätte — andererseits nur was er tatsächlich erhalten haben würde, auch wenn er rechtlich mehr verlangen konnte.

Die Zeit, zu welcher die Unterhaltspflicht bestanden haben muß, ist die Zeit der erlittenen Untersuchungshaft.[2] Letztere wird jedoch nicht bereits von dem Erlaß des Haftbefehls an „erlitten"; vielmehr kommt lediglich der Zeitraum in Betracht, in welchem dem Verhafteten die Freiheit tatsächlich entzogen war. Dieser Zeitraum beginnt unter Umständen bereits mit der

[1] Es sei denn, daß § 1708 Abs. 2 B.G.B.s zur Anwendung gelangt.

[2] Vgl. den Wortlaut des Gesetzes: „denen er kraft Gesetzes unterhaltspflichtig war."

vorläufigen Festnahme oder Vorführung des Unterhaltsverpflichteten (vgl. § 3 Abs. 1 Satz 2 des Ges.), unter Umständen aber auch erst lange nach der eigentlichen Verhaftung durch die tatsächliche Ergreifung. Beendet wird der genannte Zeitraum durch die Freilassung auf Aufhebung des Haftbefehls oder durch Entlassung des Verhafteten gegen Sicherheitsleistung.[1] — Nur wer zu jener Zeit unterhaltsberechtigt war, hat Anspruch auf Entschädigung; hatte die Unterhaltspflicht noch nicht begonnen (z. B. beim Adoptaten) oder schon aufgehört (z. B. beim unehelichen Kinde), so ist ein Entschädigungsanspruch nicht begründet. Dies gilt namentlich bezüglich der während der Haftzeit zur Entstehung gelangenden Leibesfrucht, die zwar im Bürgerlichen Gesetzbuche den bereits Geborenen in einzelnen Punkten gleichgestellt wird (vgl. §§ 844, 1923 das.), ein allgemeines Recht auf Unterhalt jedoch nicht besitzt.[2]

Der Entschädigungsanspruch ist jedoch den Unterhaltsberechtigten lediglich für den Fall gegeben, daß ihnen der Unterhalt durch die Verhaftung „entzogen“ worden ist. „Entzogen“ ist ihnen aber — das ist der deutliche Sinn der Vorschrift in den beiden Gesetzen — jener Unterhalt nur dann, wenn sie die Möglichkeit verloren haben, denselben nachträglich von dem Verhafteten selbst zu fordern; anderenfalls haben sie lediglich eine vorübergehende Entbehrung des Unterhaltes erlitten. Das Gesetz von 1898 ging von dem Grundsatz aus, daß der Berechtigte im allgemeinen Unterhalt für die Vergangenheit nicht fordern könne (in praeteritum non vivitur), und daß ihm deshalb ein von dem Anspruche des Verhafteten unabhängiges Recht auf Entschädigung für die Vergangenheit verliehen werden müsse. Wenn nun auch der genannte Rechtssatz im Bürgerlichen Gesetzbuche eine namhafte Durchbrechung bezüglich des Unterhaltes an uneheliche Kinder (§ 1711) erlitten hat, so gilt er doch, wie sich aus §§ 1613, 1360 Abs. 3, 1580 Abs. 3 ergiebt, für die übrigen Fälle gesetzlicher Unterhaltspflicht nur gering verändert weiter und rechtfertigt damit die Existenz unserer Vorschrift, die im Falle hiernach eingetretener Entziehung des Unterhaltes zur Anwendung

[1] Vgl. S. 25 dieser Abhandlung.

[2] So auch u. a. Ritter S. 45.

gelangt. Soweit dagegen die Nachforderung noch möglich ist, eine „Entziehung“ des Unterhaltes also nicht vorliegt, können sich die Berechtigten lediglich an den Verhafteten halten, der die ihm hierdurch entstandene Vermögenseinbuße bei Geltendmachung seines Schadens gemäß Abs. 1 des § 3 mit in Ansatz bringen kann.

Aus dem Gesagten ergiebt sich, daß der gegen unsere Vorschrift erhobene Einwand, der Unterhaltsanspruch könne nunmehr zweimal, nämlich vom Verhafteten und von dem Berechtigten, liquidiert werden, völlig hinfällig ist. Denn zumeist steht dem Unterhaltsberechtigten ein Anspruch aus dem Gesetze gar nicht zu; wenn jedoch ein solcher begründet ist, liegt für den Verhafteten eine Unterhaltspflicht für die in Betracht kommende Zeit und damit eine Vermögensschädigung, die er liquidieren könnte, überhaupt nicht mehr vor.[1]

Im Anschluß an diese Erörterungen rechtfertigt sich schließlich noch die Frage: Sind die Ansprüche des Verhafteten und der Unterhaltsberechtigten voneinander abhängig oder führen sie nebeneinander ein selbständiges Dasein?

Die Frage läßt sich einheitlich nicht beantworten. Auf der einen Seite hängen beide Ansprüche eng miteinander zusammen; man denke an ihre Entstehung durch den gleichen Beschluß wie an ihre Vernichtung durch die gleiche die Wiederaufnahme des Verfahrens anordnende bezw. das Hauptverfahren eröffnende (§ 5) oder auf Einlegung eines Rechtsmittels in der Sache selbst ergehende neue (§ 4 Abs. 2[2]) Entscheidung. Andererseits aber sind sie von großer innerer Selbständigkeit: Verzicht des einen hindert nicht die Geltendmachung des anderen[3]; die Geltendmachung selbst kann durch den Verhafteten wie durch jeden einzelnen

---

[1] Vgl. zu diesen Ausführungen Lessing S. 46f., Ritter S. 59f.

[2] Hier wird der Anspruch — vorausgesetzt nur, daß die neue Entscheidung in der Sache selbst ergeht (vgl. S. 120 dieser Abhandlung) — nicht allein im Falle der Verurteilung oder Eröffnung des Hauptverfahrens durch die höhere Instanz, sondern auch im Falle der Zurückweisung des eingelegten Rechtsmittels vernichtet, da auch in letzterem Fall eine anderweite Beschlußfassung gemäß § 4 Abs. 1 erforderlich ist. S. darüber unten S. 119ff.

[3] Woermann S. 51, Lessing S. 46 III, Löwe zu 1898 § 1 Anm. 3, Ritter S. 40.

Unterhaltsberechtigten getrennt erfolgen.[1] Von besonderer Bedeutung ist diese Selbständigkeit der Ansprüche für den oben[2] erwähnten Fall des Todes des Verhafteten während der Untersuchungshaft: hier erwerben lediglich die Unterhaltsberechtigten einen Anspruch auf Grund des Entschädigungsbeschlusses. Voraussetzung ist freilich auch hier die Entziehung des Unterhaltes: d. h. die Unmöglichkeit der völligen oder teilweisen Nachforderung des Unterhaltes von den Erben; von Bedeutung wird also der Beschluß namentlich dann sein, wenn die Erben für die betreffende Unterhaltspflicht wegen Unvererblichkeit des Anspruches nicht aufzukommen brauchen oder aber für die Nachlaßverbindlichkeiten nur beschränkt haften.

§ 17.

Die Übertragbarkeit des Anspruches.

Die sämtlichen durch den Entschädigungsbeschluß des § 4 begründeten Ansprüche haben keinen höchstpersönlichen Charakter. Sie gehen daher, wie bereits erwähnt wurde, auf die Erben über[3]; auch können sie durch Rechtsgeschäft unter Lebenden übertragen werden.[4] Daraus ergiebt sich, daß sie der Pfändung unterworfen sind[5] und daß Aufrechnung seitens des Fiskus mit anderen Forderungen gegen sie möglich ist.[6]

Um jedoch „einem unwürdigen Handel mit der Entschädigungsforderung vorzubeugen und zu verhindern, daß die dem Verhafteten zugedachte Wohltat demselben durch Dritte verkümmert werde“[7], bestimmt das Gesetz im Anschluß an die gleichartige Vorschrift des Gesetzes von 1898, daß der Anspruch „bis zur rechtskräftigen Entscheidung über den Antrag“ nicht übertragbar sein soll (§ 6 Abs. 4 des Gesetzes).[8]

---

[1] Vgl. unten S. 109 dieser Abhandlung.

[2] S. 69ff. dieser Abhandlung.

[3] S. auch S. 84 dieser Abhandlung.

[4] Arg. § 6 Abs. 4 des Gesetzes.

[5] § 851 Abs. 1 C.P.O.

[6] So auch Lessing S. 48 VI.

[7] Mot. zu dem Gesetz von 1898 S. 7.

[8] Das gleiche gilt für die Ansprüche der Unterhaltsberechtigten; vgl. Lessing S. 48 VI; Woermann S. 60; Romen zu § 6 Note 4d.

Der Berechtigte[1] erlangt damit über den Anspruch erst dann die völlig freie Verfügung, wenn die dreimonatige Ausschlußfrist des § 6 Abs. 3 verstrichen ist, ohne daß die Civilklage erhoben wurde[2], oder wenn auf die jener Vorschrift entsprechend erhobene Civilklage das Urteil gemäß § 705 C.P.O. rechtskräftig geworden ist.

Aus der vorläufigen Unübertragbarkeit folgt gleichzeitig die zeitweilige Unpfändbarkeit der Forderung, welche nach richtiger Ansicht die Unzulässigkeit des Arrestes und der vorläufigen Beschlagnahme (§§ 916ff. — insbesondere 928, 930 —; § 845 C.P.O.) mit umfaßt.[3] Dagegen beginnt die Vererblichkeit des Anspruches bereits mit seiner Entstehung.[4]

Eine dem Verbote des § 6 Abs. 4 zuwiderhandelnde Übertragung des Entschädigungsanspruches vor der a. a. O. bestimmten Zeit ist — da es sich um ein im öffentlichen Interesse erlassenes Veräußerungsverbot handelt[5] — gemäß § 134 B.G.B.s absolut nichtig.[6]

§ 18.

Das durch den Anspruch verpflichtete Rechtssubjekt.

Da es sich um eine aus der Justizhoheit des Staates herzuleitende Verpflichtung handelt[7], so ist die Entschädigung aus der

[1] Vgl. Note 8 voriger Seite.

[2] „Rechtskräftig" bedeutet hier, wie überall, so viel als „endgültig" (vgl. § 5 Abs. 4 des Gesetzes von 1898). Endgültig entschieden ist jedoch über den Antrag erst nach Ablauf der im Text genannten Ausschlußfrist, da erst dann dem Berechtigten die Möglichkeit genommen ist, den Rechtsweg zu beschreiten.

[3] So Romen zu § 6 Note 4b und die dortigen Citate. Das Gesetz von 1898 verbot in § 5 die „Pfändung" des Anspruchs neben der „Übertragung" desselben ausdrücklich. Die Erwähnung der „Pfändung" erübrigte sich im Hinblick auf § 851 Abs. 1 C.P.O. Vgl. die Mot. S. 12. S. übrigens auch Note 5 der vorigen Seite.

[4] Also mit Erlassung des Entschädigungsbeschlusses nach § 4. Vgl. auch S. 84 dieser Abhandlung.

[5] So unzweifelhaft die Mot. a. a. O. mit der Wendung: „um einem unwürdigen Handel vorzubeugen".

[6] Übereinstimmend Ritter S. 60, Romen zu § 6 Note 4c.

[7] Mot. zu dem Gesetz von 1898 S. 5.

Staatskasse zu leisten; dies ist nach § 7 Abs. 1 des Gesetzes die Kasse desjenigen Bundesstaates, bei dessen Gerichte das Strafverfahren in erster Instanz anhängig war. An die Stelle der Staatskasse tritt in den zur Zuständigkeit des Reichsgerichtes in erster Instanz gehörigen Sachen sowie in Konsulargerichtssachen die Reichskasse (§ 9 des Gesetzes; § 11 des Gesetzes vbd. § 24 des Gesetzes über die Konsulargerichtsbarkeit vom 7. April 1900[1]); im militärgerichtlichen Verfahren im Heere die Kasse desjenigen Kontingentes, bei dessen Gericht das Strafverfahren in erster Instanz anhängig war, in der Marine die Reichskasse (§ 10 des Gesetzes), in den Schutzgebieten[2] der Fiskus des einzelnen Schutzgebietes (Gesetz über die Einnahmen und Ausgaben der Schutzgebiete, vom 30. März 1892, § 5).

Für den Fall, daß das Gericht erster Instanz mehreren Bundesstaaten gemeinschaftlich angehört, sind ausdrückliche Bestimmungen im Gesetze nicht getroffen worden. Dasselbe überläßt vielmehr, gleich dem Parallelgesetze von 1898, die Bestimmung des Entschädigungsverpflichteten der Verständigung der beteiligten Staaten.[3] Wenn dagegen im Reichstage eingewendet wurde, daß dem Berechtigten in solchen Fällen der Entschädigungsverpflichtete regelmäßig unbekannt sein werde und er daher nicht wissen könne, an wen er sich bezüglich der Entschädigung zu halten habe, so ist dieser Einwand im Hinblick darauf, daß der Berechtigte ja zunächst die Staatsanwaltschaft des erstinstanzlichen Landgerichtes anzugehen hat, völlig hinfällig, zumal auch aus der dem Berechtigten später zugehenden Entscheidung der obersten Justizverwaltungsbehörde der verpflichtete Staat in einer für das etwa folgende Civilverfahren ausreichenden Weise ersichtlich sein wird. Zudem sind Vereinbarungen der bezeichneten Art bezüglich des Gesetzes von 1898 bereits zustande gekommen[4] und es steht zu erwarten, daß deren Geltung

[1] § 24 a. a. O. bezieht sich auf § 19 das.; das vorliegende Gesetz gehört aber zu den in § 19 Nr. 2 angeführten Reichsgesetzen über das Verfahren in Strafsachen. Vgl. auch S. 12 dieser Abhandlung.

[2] Daß das Gesetz auch für die Schutzgebiete Geltung hat, darüber vgl. § 24 dieser Abhandlung.

[3] Mot. zu dem Gesetz von 1898, S. 5.

[4] Vgl. die Zusammenstellung bei Romen zu dem Gesetz von 1898, § 3 Anm. 1b.

auch auf das hier in Betracht kommende Gebiet ausgedehnt werden wird. — Ebenso wird sich eine Ausgleichung empfehlen, wenn gemäß §§ 12, 13 Str.P.O. ein Gericht mehrere zusammenhängende Strafsachen bei sich vereinigt, in denen der Beschuldigte bereits bei Gerichten anderer Staaten Untersuchungshaft erlitten hat.[1]

Bis zum Betrage der geleisteten Entschädigung tritt die Kasse in die Rechte ein, welche dem Entschädigten gegen Dritte um deswillen zustehen, weil durch deren rechtswidrige Handlungen die Untersuchungshaft herbeigeführt war (§ 7 Abs. 2 des Gesetzes). Die Bedeutung dieser Vorschrift ist bereits oben[2] gewürdigt worden; hinzuzufügen ist lediglich, daß der Übergang ipso jure erfolgt, ohne daß es einer Abtretung bedürfte.[3][4]

Vierter Abschnitt.

Die Geltendmachung des Entschädigungsanspruches.

§ 19.

Der Entschädigungsbeschluß.

Die Frage, ob der „Freigesprochene“ oder „Außer Verfolgung Gesetzte“ einen Entschädigungsanspruch an die Staatskasse habe[5], hat der die Eröffnung des Hauptverfahrens ablehnende, bezw. der das Aufgeben der staatlichen Strafverfolgung durch Urteil aussprechende Strafrichter zu entscheiden: der-

---

[1] So Ortloff, Zschr. f. ges. Str.Wiss. Bd 22 S. 780.

[2] § 3 dieser Abhandlung. Neben dem rechtswidrig verhaftenden Richter würde hier noch der falsch anschuldigende Denunziant zu nennen sein.

[3] Im Gegensatz zu § 255 B.G.B.s, der hier also nicht gilt. Vgl. § 14 dieser Abhandlung.

[4] Daß der „Herbeiführung“ der Untersuchungshaft die rechtswidrige Verlängerung derselben auch hier gleichzustellen ist, bedarf keiner besonderen Hervorhebung.

[5] wodurch dann auch die „Unterhaltsberechtigten“ betroffen werden. Vgl. S. 98 dieser Abhandlung.

selbe hat sich über die Entschädigungsverpflichtung des Staates gemäß § 4 des Gesetzes durch besonderen Beschluß auszusprechen.[1]

Zuständig sind demnach in den Fällen der Außerverfolgungsetzung durch Beschluß die sogen. beschließenden Strafgerichte, mithin in den zur Zuständigkeit des Schöffengerichtes gehörigen Sachen der Amtsrichter, in den land- und schwurgerichtlichen Sachen die mit drei Mitgliedern besetzte Strafkammer, in den reichsgerichtlichen Sachen der erste Strafsenat des Reichsgerichtes; in der Beschwerdeinstanz die erwähnte Strafkammer, bezw. der Strafsenat des Oberlandesgerichtes. — Wird erst in der Hauptverhandlung das Aufgeben der staatlichen Strafverfolgung ausgesprochen, so liegt dem erkennenden (nicht dem entsprechenden beschließenden) Strafgerichte die Fassung des erforderlichen Beschlusses ob; dies ergiebt sich einmal aus dem Wortlaut des § 4 Abs. 1, wo es heißt, daß „gleichzeitig mit dem freisprechenden Urteil" die Beschlußfassung erfolgen soll — gleichzeitig aber aus dem ganzen Sinn des Gesetzes, das mit der Entscheidung über das Vorliegen eines Entschädigungsanspruches den in der Hauptsache entscheidenden und daher auch am besten mit ihr vertrauten Richter befassen will. Zuständig sind also der Amtsrichter (§ 211 Str.P.O., § 3 Abs. 2 E.G.z.Str.P.O.), das Schöffengericht, die erkennende Strafkammer erster und zweiter Instanz, der erkennende Senat des Oberlandesgerichtes als Revisionsgericht zweiter und dritter Instanz, der erkennende Senat des Reichsgerichtes als Revisionsgericht zweiter und dritter Instanz, der vereinigte zweite und dritte Strafsenat dieses Gerichtes in erster Instanz. Was das Schwurgericht anlangt, so ist die Zuständigkeit zur Erlassung des Entschädigungsbeschlusses hier eigenartig geregelt: da über die Entschädigungsverpflichtung „gleichzeitig mit dem Urteil" zu beschließen ist, so liegt die Beschlußfassung den richterlichen Mitgliedern des Schwurgerichtes ob[2],

[1] Nur über die Entschädigungs verpflichtung; den Betrag der Entschädigung hat die oberste Behörde der Landesjustizverwaltung festzusetzen, § 6 des Gesetzes. — Vgl. § 23 dieser Abhandlung.

[2] Unbestritten bereits für das Gesetz von 1898. Vgl. z. B. Löwe zu § 4 Note 3, Lessing S. 50 IV. Für unser Gesetz u. a. Romen zu § 4 Note 1b.

wodurch das oben erwähnte und sonst so konsequent durchgeführte Prinzip, nach welchem der in den wichtigsten Fragen — und dazu gehört ohne Zweifel die strafprozessuale Schuldfrage — entscheidende Richter auch über die Entschädigung befinden soll, in gewisser Weise wieder durchbrochen wird.[1]

Der Beschluß ist bei einer jeden Freisprechung und Außerverfolgungsetzung zu erlassen, auch wenn er negativ ausfällt, d. h. einen Entschädigungsanspruch versagt. Dies ergiebt sich mit besonderer Deutlichkeit aus § 5 des Ges., woselbst die Worte: „die Entschädigungsverpflichtung aussprechende" sonst ganz fehlen könnten; vgl. jedoch auch § 4 Abs. 3 Satz 3 das. Die Beschlußfassung ist nicht durch einen Antrag des Verhafteten bedingt, sie hat vielmehr von Amts wegen zu erfolgen[2] und darf nach richtiger Ansicht auch dann nicht unterbleiben, wenn der Angeklagte ausdrücklich auf eine Entschädigung verzichtet[3], da sonst die Unterhaltsberechtigten des durch die Freisprechung erworbenen Anspruches verlustig gehen würden, welcher doch, wie oben gezeigt, von einem Verzicht des Verhafteten in keiner Weise berührt wird.[4]

Über die Frage, welcher Rechtsbehelf dem Freigesprochenen zur Seite steht, wenn das Gericht gleichwohl verabsäumt, einen Entschädigungsbeschluß zu erlassen, giebt das Gesetz, in gleicher Weise wie das Parallelgesetz von 1898, keinerlei Auskunft. Die Bestimmung des Abs. 3 Satz 2 in § 4 unseres Gesetzes kann zur Beantwortung nicht herangezogen werden, da dieselbe die Gewährung eines Rechtsmittels nur gegenüber dem einmal erlassenen Beschlusse versagt. — Zutreffend wird man daher

---

[1] Dies rügt namentlich Bozi, Recht 8. Jahrg. S. 135. Er nennt die hier getroffene Regelung „einen Übelstand, der durch Hinweis auf § 499 Abs. 2 Str.P.O. um so weniger gerechtfertigt werde, als diese Bestimmung in ihrer zeitigen Fassung eine Kompromißbestimmung sei, deren schließliche Unhaltbarkeit bereits aus ihrem prinzipiellen Gegensatz zu § 503 Abs. 2 erhelle". — Vgl. auch Sten. Ber. S. 664f.

[2] Dagegen u. a. Bozi a. a. O.; derselbe will einen Entschädigungsbeschluß nur auf Antrag zustandekommen lassen; mit der jetzigen Regelung „werde der Makel einer versagenden Entscheidung auch demjenigen angeheftet, der eine Entschädigung nicht beanspruche".

[3] So Lessing S. 50 III.

[4] S. 98 dieser Abhandlung.

aus der Erwägung, daß das Gesetz als ein Anhang und somit gleichsam als Bestandteil der Strafprozeßordnung angesehen werden muß [1], dem Berechtigten gemäß § 346 a. a. O. das Rechtsmittel der Beschwerde gewähren müssen, da letztere nach richtiger Ansicht auch dann zulässig ist, wenn der Richter überhaupt unterläßt, eine zu erlassende Entscheidung zu treffen. [2] Beschwerdeführer ist nicht nur der Verhaftete, sondern auch aus eigenem Rechte jeder Unterhaltsberechtigte, womit der Kreis der in § 346 Abs. 2 Str.P.O. erwähnten „anderen, durch einen Beschluß betroffenen Personen“ auch auf diese Unterhaltsberechtigten erstreckt wird. Über das Verfahren bei der genannten Beschwerde, dessen Gestaltung durchaus nicht unzweifelhaft erscheint, sollen unten [3] noch nähere Ausführungen folgen.

Bei Beantwortung der Frage, welche Majorität zur Fassung des Beschlusses erforderlich sei, könnte es an sich zweifelhaft erscheinen, ob die Bestimmung des § 262 Abs. 1 Str.P.O. auch hier in Anwendung zu bringen ist. Nach der genannten Vorschrift soll zu jeder die Schuldfrage betreffenden Entscheidung, wenn sie für den Angeklagten nachteilig ist, eine Majorität von zwei Drittel der Stimmen erforderlich sein. Nun hat der Entschädigungsrichter nach § 1 des Ges. zunächst das Vorliegen der Unschuld zu prüfen; die Feststellung oder Nichtfeststellung dieser „Unschuld“ bildet die Grundlage des Beschlusses; es fragt sich daher: darf der Beschluß zu jenen „die Schuldfrage betreffenden Entscheidungen“ gerechnet werden?

Die Frage ist zu verneinen. Zuvörderst ergiebt sich bereits aus der Stellung des § 262 im 6. Abschnitt des II. Buches der Strafprozeßordnung, daß unter den die „Schuldfrage betreffenden Entscheidungen“ lediglich solche Entscheidungen verstanden sind, die bei Gelegenheit und zum Zwecke der Urteilsfindung erlassen werden [4], wie auch die Beispiele in Abs. 2 a. a. O. erkennen lassen;

---

[1] S. S. 12 dieser Abhandlung.

[2] So Löwe zu § 346 Note 1a. Vgl. übrigens auch bereits zu dem Gesetz von 1898 die Reichstagskommission (Komm.Ber. a. a. O. S. 8); dazu auch Lessing S. 51 IX.

[3] S. 117 Anm.

[4] Vgl. auch die Einteilung des sechsten Abschn. bei Löwe, in der Vorbem. zu diesem Abschnitt, Note 4.

der in Rede stehende Beschluß hängt aber mit dem Urteil nur insoweit zusammen, als er sich auf die in letzterem ausgesprochene „Freisprechung“ oder „Außerverfolgungsetzung“ stützt. — Vor allem aber will der Beschluß, wenn er die Feststellung des Vorhandenseins oder Nichtvorhandenseins der „Unschuld“ unternimmt, eine Entscheidung über die strafprozessuale „Schuld“ doch überhaupt nicht treffen, da der Begriff der „Unschuld“ — wie oben des Ausführlicheren gezeigt wurde[1] — mit dem strafprozessualen „Schuldbegriff“ nicht das mindeste zu tun hat.[2] Auch aus diesem Grunde kann darum die sich lediglich auf diesen Begriff der „Schuld“ beziehende Vorschrift des § 262 hier keine Anwendung finden. — Zu dem gleichen Resultat kommt man übrigens auch auf Grund einer mehr formellen Erwägung: dadurch, daß der Gesetzgeber, wie oben gezeigt[3], die Entscheidung über die staatliche Entschädigungspflicht im Schwurgerichtsverfahren den Richtern, nicht aber den gemäß §§ 293, 305 zur Entschließung über die Schuldfrage berufenen Geschworenen übertragen hat[4], hat er zum deutlichen Ausdrucke gebracht, daß er die Entscheidung über die Ersatzpflicht als eine „die Schuldfrage betreffende Entscheidung“ nicht angesehen wissen wollte.[5] — Nach alledem entscheidet in jedem Falle die einfache Majorität (§ 198 Abs. 1 G.V.G.).

Der Beschluß ist, mit Rücksicht auf die in § 4 Abs. 3 des Ges. geforderte Zustellung, schriftlich zu fassen, bedarf aber wohl, wenn er von dem erkennenden Gerichte erlassen wird, einer Aufnahme in das Sitzungsprotokoll nicht[6], da er zu den durch das Protokoll bekundeten Formalien der Hauptverhandlung, in welcher er nicht einmal verkündet wird[7], doch in keiner Weise

[1] S. 47ff.

[2] Unrichtig darum Lessing S. 50 V, wenn er meint, daß bei dem Beschlusse „die Schuldfrage“ (sc. in diesem Sinne) „unter allen Umständen beantwortet werden müsse“.

[3] S. 103f. dieser Abhandlung.

[4] zwar nicht expr. verb., aber doch zwingend aus § 4.

[5] So bereits für das Gesetz von 1898 Löwe zu § 4 Note 4; Lessing S. 50 V.

[6] So im Resultat auch Löwe zu 1898 § 4 Note 5.

[7] § 4 Abs. 3 Satz 1 des Gesetzes.

gerechnet werden kann, auch infolge der Nichtverkündung dem Gerichtsschreiber regelmäßig unbekannt sein wird.[1] Übrigens kann sich der Beschluß auf den bloßen Ausspruch beschränken, daß die Entschädigungsverpflichtung der Staatskasse vorliege oder nicht vorliege; einer Beigabe von Gründen bedarf es nicht, da der Beschluß der Anfechtung durch ein Rechtsmittel nicht unterliegt (§ 4 Abs. 3 Satz 2 des Ges. vbd. § 34 Str.P.O.). Die Gründe können vielmehr nach richtiger Ansicht auch dann fehlen, wenn ein ausdrücklich gestellter Antrag des verhafteten Freigesprochenen auf Zubilligung einer Entschädigung durch den Beschluß abgelehnt wird (vgl. § 34 Str.P.O.), da ein solcher Antrag nach den obigen Ausführungen völlig überflüssig ist.[2]

Der Beschluß ist — diese Bestimmung hat natürlich nur insofern Bedeutung, als das erkennende Gericht die Entscheidung trifft — nach § 4 Abs. 3 des Ges. nicht zu verkünden; er bildet insoweit eine Ausnahme von der allgemeinen Vorschrift des § 35 Abs. 1 Str.P.O. Die eigenartige Bestimmung unseres Gesetzes, die sich übrigens entsprechend bereits in dem Parallelgesetze vom 20. Mai 1898 findet, bezweckt die Beseitigung oder doch wenigstens die Abschwächung der Härten, welche die Verkündung eines ablehnenden Beschlusses in öffentlicher Sitzung für den freigesprochenen Verhafteten unzweifelhaft mit sich bringen würde. Es wurde bereits oben[3] darauf hingewiesen, daß eine Freisprechung unter der Eröffnung, eine Entschädigung wegen der erlittenen Untersuchungshaft werde nicht gewährt, für den Verhafteten nur eine halbe Freisprechung bedeutet, die ihn in den Augen seiner Volksgenossen auch weiterhin mit dem Makel einer Schuld behaftet erscheinen läßt. Um daraus sich leicht ergebende Übelstände abzuschwächen, ist man auf das Mittel verfallen, den

---

[1] Vgl. § 195 G.V.G. Der als Gerichtsschreiber fungierende Referendar darf der Beratung beiwohnen (Entsch. d. R.G. XVIII 161, Rspr. X 549).

An diesem Resultat vermag auch der Umstand nichts zu ändern, daß der Beschluß ein „Ergebnis" der Hauptverhandlung darstellt (vgl. § 1 des Gesetzes: „wenn sich die Unschuld ergeben hat" vbd. § 273 Str.P.O.).

[2] Übereinstimmend u. a. Löwe zu 1898 § 4 Note 5; Mamroth § 4 Note 2; a. M. Lessing S. 51 VII. — Der Antrag bedarf darum auch nicht der Protokollierung (vgl. § 273 Str.P.O.).

[3] S. 49f.

Beschluß der Verkündung in öffentlicher Sitzung zu entziehen und ihn den Berechtigten im Wege der Zustellung oder einfachen Mitteilung bekannt zu machen — ein Ausweg, der die genannten Härten wenigstens einigermaßen mildert, wenngleich auch damit eine völlige Geheimhaltung des Beschlusses vor dem Publikum kaum gesichert erscheint.[1] [2]

Die Bekanntmachung an die Berechtigten geschieht im Einzelnen in folgender Weise:

a) Der die Entschädigung versagende Beschluß ist lediglich dem Verhafteten — nicht auch den Unterhaltsberechtigten — nach Rechtskraft der die Strafverfolgung aufgebenden Entscheidung in Gemäßheit des § 37 Str.P.O. zuzustellen (zwingende Vorschrift).[3]

b) Der die Entschädigungsverpflichtung des Staates aussprechende Beschluß ist dem Verhafteten in gleicher Weise (kraft zwingender Vorschrift) zuzustellen[4]; außerdem soll er (reine Ordnungsvorschrift!) den Unterhaltsberechtigten, aber nur wenn ihr Aufenthalt dem Gerichte bekannt ist und sie nicht dem Hausstande des Verhafteten angehören, „mitgeteilt" werden. Diese „Mitteilung" ist an keine Form gebunden; sie wird also zweckmäßig im Wege der einfachen Nachricht, etwa wie der Bescheid des § 169[5] oder die Nachricht des § 195 Abs. 3 Str.P.O. erfolgen.[6] Besondere Erhebungen über Namen und Aufenthalt der Unterhaltsberechtigten braucht das Gericht nach Willen und Wortlaut des Gesetzes nicht anzustellen; es wird sich aber em-

[1] Man denke z. B. an die Verhältnisse auf dem Lande, woselbst es, wenn das Gesetz erst einmal sich eingebürgert haben wird, für die Mitbewohner des Dorfes ein leichtes sein dürfte, die Wahrheit über den Entschädigungsbeschluß zu erfahren.

[2] Gegen die Geheimhaltung des die Entschädigungsverpflichtung aussprechenden Beschlusses insbesondere Winkler, Recht 8 Jahrg. S. 97: „Die Verkündung eines gewährenden Beschlusses böte dem Verhafteten unter Umständen eine nicht zu unterschätzende öffentliche Genugtuung."

[3] Vgl. dazu S. 104 Note 2.

[4] Vgl. Note 2 dieser Seite.

[5] sofern er nicht mit Rücksicht auf § 170 das. zugestellt werden muß.

[6] Über die Zulässigkeit einer solchen einfachen Mitteilung auch Löwe zu § 35 Note 4.

pfehlen, daß der Haftrichter den Verhafteten, welchen er gemäß §§ 115, 128 Abs. 1 Satz 2 vbd. 136 Abs. 3 auch über seine Personalien zu vernehmen hat, sofern dies nicht schon geschehen ist, bei Gelegenheit dieser Vernehmung im Hinblick auf eine spätere Verpflichtung der Staatskasse wegen ebendieser Untersuchungshaft sogleich auch über jene Unterhaltsberechtigten die erforderlichen Angaben machen läßt. Selbstverständlich kann auch derjenige Unterhaltsberechtigte, der eine solche Mitteilung nicht erhalten hat, innerhalb der unten noch näher zu bezeichnenden Präklusivfrist den in § 6 des Ges. vorgeschriebenen Weg beschreiten. Besonders gilt dies von den dem Hausstande des Verhafteten angehörigen, also räumlich und wirtschaftlich mit ihm zusammenlebenden Unterhaltsberechtigten, die ja eine besondere Nachricht niemals erhalten, sondern stets allein auf die Mitteilungen des Verhafteten selbst angewiesen sind. Der Wortlaut „Hausstand des Verhafteten“ besagt übrigens nicht, daß die verhaftete Person notwendig das Oberhaupt dieses Hausstandes sein müßte: es genügt, daß sie demselben angehört. Daher wird z. B. in dem Falle, daß eine Ehefrau, welche ihrem Ehemanne gemäß § 1360 Abs. 2 B.G.B.s unterhaltspflichtig ist, einen Entschädigungsanspruch wegen unschuldig erlittener Untersuchungshaft erlangt, die Mitteilung an alle zu dem gleichen Hausstande gehörigen Personen, einschließlich also den Ehemann, unterbleiben können, obwohl die Verhaftete nicht Mittelpunkt jenes Hauswesens ist.[1]

Der Beschluß ist richtiger Ansicht nach dem Verhafteten selbst, nicht dessen Verteidiger zuzustellen, da er eine Bekanntmachung an den Verhafteten in sich schließt.[2]

Der Staatsanwaltschaft wird der Beschluß in keinem Falle zugestellt, da es für jene Behörde auf den urkundlichen Beweis der erfolgten Bekanntmachung nicht ankommt.[3]

---

[1] Dies ist unzweifelhaft der Sinn der Vorschrift. Vgl. Sten. Ber. S. 2892.

[2] So auch Löwe allgemein in der Vorbem. zu Abschn. 11 des I. Buches, Note 8d; für das Gesetz von 1898 § 4 Note 6; Bl. für Rechtspfl. in Thür. IL, 254.

[3] Denn der Beschluß unterliegt nicht der Anfechtung durch Rechtsmittel (§ 4 Abs. 3 Satz 2). — Die Staatsanwaltschaft wird gleichwohl zumeist Kenntnis von dem Inhalt des Beschlusses erlangen, da ihr die Urschrift des Beschlusses (so Binding § 91 I) zur Zustellung an den Verhafteten

§ 20.

Der Einfluß des Gesetzes auf das strafprozessuale Verfahren.

Bereits eingangs[1] wurde bei der Besprechung des Verhältnisses unseres Gesetzes zur Strafprozeßordnung darauf hingewiesen, daß das Gesetz — in gleicher Weise wie dasjenige von 1898 — an den Bestimmungen der Strafprozeßordnung nicht rütteln will. Dieser Grundsatz wurde bei der Beratung beider Gesetze im Reichstage ausdrücklich ausgesprochen, ohne von irgend welcher Seite Widerspruch zu finden.

Es knüpfte sich jedoch bald bereits an das Gesetz betr. die Entschädigung der im Wiederaufnahmeverfahren freigesprochenen Personen eine in der Wissenschaft bislang ungeschlichtete, auf das Verfahren bezügliche Streitfrage an. Dieselbe ist in unserer Abhandlung bereits des öfteren angedeutet worden, soll aber erst an dieser Stelle eine eingehendere Behandlung erfahren.

Der Ausgang kann für unser Gesetz von folgendem Beispiel genommen werden: Jemand wird wegen dringenden Verdachtes aus § 176 Nr. 3 Str.G.B.s und wegen Fluchtverdachtes in Untersuchungshaft genommen und das Hauptverfahren gegen ihn eröffnet. In der Hauptverhandlung bestreitet der Anklagte, die ihm zur Last gelegte Tat begangen zu haben; zudem stellt sich die Aussage des gemißbrauchten Kindes, des einzigen Belastungszeugen, als eine wenig glaubwürdige dar. Der Schuldbeweis kann daher als nicht erbracht gelten und es muß darum Freisprechung erfolgen[2]; auf der anderen Seite bleibt freilich ein „begründeter" Verdacht gegen den Angeklagten bestehen. Nun bietet aber der Angeklagte einen Alibibeweis zur Erhärtung seiner vollständigen „Unschuld" an. Muß das Gericht, das auch ohnedem zur Freisprechung gelangen würde, diesen Beweis mit Rück-

---

regelmäßig zu übergeben ist (§ 36 Str.P.O.); eine Ausnahme bilden die Entscheidungen des Amtsrichters und des Schöffengerichtes (§ 36 Abs. 2; s. auch Löwe zu § 36 Note 6) — der Untersuchungsrichter trifft keine Entscheidungen der hier erforderten Art (§ 178 Abs. 1 Satz 2 Str.P.O. vbd. § 4 des Gesetzes).

[1] S. 12 dieser Abhandlung.

[2] Vgl. die Ausführungen S. 47f. dieser Abhandlung.

sicht auf den zu fassenden Entschädigungsbeschluß erheben?

Die Motive[1] verneinen diese Frage. Sie gehen von dem Gesetz von 1889 aus, für welches sie die gleiche Frage nachträglich entscheiden, und erklären folgendes:

„Nach dem Gesetze von 1898 sollen die Ergebnisse des Wiederaufnahmeverfahrens verwertet werden, um auch über die Frage der Unschuld des Freigesprochenen eine Entscheidung zu erzielen, denn nach § 1 Abs. 1 des Ges. von 1898 wird Entschädigung nur gewährt, wenn das Verfahren die Unschuld des Verurteilten ergeben oder dargetan hat, daß ein begründeter Verdacht nicht besteht."

„Das bezeichnete Gesetz hat demnach die dem Gerichte bei der Hauptverhandlung im Wiederaufnahmeverfahren gestellte Aufgabe nicht etwa erweitert, insbesondere nicht die Erhebung von Beweisen gefordert, die lediglich für die Entschädigung, nicht aber zugleich für die Entscheidung in der Hauptsache in Betracht kommen. Der vom erkennenden Gericht neben dem Urteil zu fassende besondere Beschluß über die Voraussetzungen des Entschädigungsanspruches ergeht vielmehr auf Grund der Beweisergebnisse, die das Wiederaufnahmeverfahren im Rahmen der ihm gestellten Aufgabe gleichzeitig für die Entscheidung der Frage der Unschuld geliefert hat."

Diese Grundsätze sollen nach den Motiven auch für unser Gesetz gelten. Hier wird noch folgendes ausgeführt: „Es gehe nicht an, die Unschuld des Angeklagten zum Gegenstande besonderer Erhebungen zu machen und damit dem Strafverfahren (das die Frage zum Austrag bringen solle, ob ein staatlicher Strafanspruch vorhanden sei oder nicht), einen Bestandteil zuzufügen, der dem eigentlichen Zwecke dieses Verfahrens fremd sei.

Zudem könne ein solches Verfahren unter Umständen einen so weiten Umfang annehmen, daß dadurch das eigentliche Strafverfahren ganz in den Hintergrund gedrängt und sein geordneter Gang gestört würde.

Endlich müsse man anderenfalls auch den nicht Verhafteten

[1] S. 7f.

das gleiche Recht auf ausdrückliche Ermittelung und Feststellung der Unschuld zugestehen, da die Feststellung der Unschuld für diese einen ungleich höheren Wert haben könne."

Aus allen diesen Gründen gelangen die Motive zu dem Schluß: „Die Entschädigung des Beschuldigten für erlittene Untersuchungshaft darf nicht über die Fälle heraus erstreckt werden, in denen schon die aus Anlaß der Strafverfolgung vorgenommenen Ermittelungen zugleich die Unschuld des Verhafteten dargetan haben.[1]

Es fragt sich aber, ob dieser Standpunkt der Motive der richtige ist.

Vergegenwärtigt man sich noch einmal den Inhalt der grundlegenden §§ 1 und 2 des Gesetzes, so soll nach denselben der Entschädigungsanspruch nicht allein in der einfachen und klaren Tatsache der Freisprechung oder Außerverfolgungsetzung seine Grundlage haben, sondern von dem Vorhandensein einer Reihe von Erfordernissen abhängig gemacht werden, deren wichtigstes die Unschuld des Verhafteten ist. Diese „Erfordernisse" bilden den alleinigen Anlaß zum Entstehen jener Streitfrage. Hätte man, wie namhafte Theoretiker[2] und mit ihnen auch der Juristentag von 1876[3] es wollten und wie auch bei Beratung des Gesetzes im Reichstage unablässig gefordert wurde,[4] sich entschlossen, zwecks möglichster Vereinfachung des Verfahrens und zur Vermeidung der „Zweiteilung der Freigesprochenen"[5] diese „Erfordernisse" aus dem Gesetze wieder zu entfernen, so hätte es eines besonderen Entschädigungsbeschlusses gar nicht bedurft, vielmehr bei einem einfachen, der jetzigen Kostenentscheidung entsprechenden Ausspruch im Urteil oder Außerverfolgungsetzungs-

---

[1] Im Resultat übereinstimmend JASTROW, D.J.Z. 1897 S. 478; WOERMANN S. 56.

[2] z. B. NISSEN, 12. J.T. Bd. 1 S. 55 f.; GEYER, Zeit- und Streitfragen S. 28 ff.; derselbe, Nord und Süd S. 183 f.; WAHLBERG, 11. J.T. Bd. 1 S. 42 ff.; ZUCKER 12. J.T. Bd. 3 S. 147 ff. — Die Gegenmeinung vertreten, wie bereits oben S. 51 f. angeführt, v. SCHWARZE, ULLMANN, MEYER. Siehe die dortigen Citate.

[3] Vgl. S. 7 dieser Abhandlung, insbesondere daselbst Anm. 1.

[4] Vgl. die Citate auf S. 50 Anm. 1.

[5] Vgl. S. 50 ff. dieser Abhandlung.

beschluß bewenden können. Das Gesetz hat aber den anderen Weg eingeschlagen und damit dem Strafrichter, der nun das Vorhandensein jener Erfordernisse prüfen muß, allerdings und trotz jeder abweichenden Erklärung der Motive eine neue und verantwortungsreiche Aufgabe gestellt. Bisher hatte der Strafrichter nur zu prüfen, ob ein staatlicher Strafanspruch begründet, d. h. ob der Angeklagte schuldig sei. Jetzt hat er außerdem zum mindesten festzustellen, ob die Unschuld des Angeklagten vorliegt, und ferner, ob der Angeklagte nicht selbst seine Verhaftung vorsätzlich oder grob fahrlässig herbeigeführt hat (§§ 1, 2 Abs. 1) — von den sogenannten „nicht notwendigen Entschädigungserfordernissen“ (§ 2 Abs. 2, 3) ganz zu geschweigen. Wenn aber nach alledem das Gesetz dem Richter eine neue Aufgabe zugewiesen hat, so muß es auch die zur sachgemäßen Erfüllung dieser Aufgabe nötigen Mittel gewollt haben.[1] Das heißt mit anderen Worten: das Gericht braucht und darf sich nicht auf die für den Strafanspruch erheblichen Erörterungen und Beweise beschränken; es muß vielmehr auch alle die Beweise erheben, die für die Beantwortung der Entschädigungsfrage notwendig erscheinen.[2]

Dieses Resultat ist hier noch des näheren zu erörtern.

Zunächst wird ohne weiteres zugegeben, daß die auf Feststellung des Vorhandenseins jener Erfordernisse gerichteten Er-

---

[1] So Löwe zu dem Gesetze von 1898 § 4 Note 2.

[2] Übereinstimmend Löwe a. a. O.; Lessing S. 49 II; Köhler, G.Saal Bd. 64 S. 357 f., 370. — Vgl. auch Ortloff, Ztschr. f. ges. Strafr. Wiss. Bd. 22 S. 789, welcher de leg. fer. eine Entschädigung nur auf Antrag geben wollte und bei dem dabei zu beobachtenden Verfahren sagt: „Ein Anschluß an die Grundsätze des Strafverfahrens, besonders an die Offizialmaxime der Stellung des Gerichtes zu den Anträgen, wird nicht abzuweisen sein, insoweit das Gericht von Amts wegen alles zu erörtern haben wird, was zur Feststellung der Antragsbegründungen dienlich erscheint.“ — Vgl. endlich auch die Regierung selbst in der Reichstagskommission zu dem Gesetz von 1898 (Komm.Ber. S. 9): „Dem Freigesprochenen ist die Möglichkeit offen, zur rechten Zeit alle seine Anträge (auch die zwecks Nachweises der Unschuld) einzubringen.“ Das bedeutet ohne Zweifel, daß das Gericht diese „Unschuldsbeweise“ erheben muß; richtig Romen zu 1898 Note 2 c zu § 4.

örterungen „dem eigentlichen Zwecke des Strafverfahrens fremd“ sind, auch daß sie unter Umständen „größeren Umfanges“ sein und infolgedessen „den geordneten Gang des Verfahrens stören“ können. Ein solches Ergebnis wird sich aber kaum vermeiden lassen, wenn man, wie es hier geschehen ist, einen außerhalb des Strafverfahrens liegen sollenden Entschädigungsbeschluß von Voraussetzungen abhängig macht, deren Vorliegen nur im Strafverfahren erkannt werden kann. — Aber auch der Hinweis auf den Wortlaut des § 1: „wenn das Verfahren ihre Unschuld ergeben hat usw.“ vermag an der oben vertretenen Auffassung nichts zu ändern. Denn wenn auch zugegeben werden kann, daß das Vorliegen jener meist imponderabelen Erfordernisse — wie „Beseitigung eines begründeten Verdachtes“, Nichtunredlichkeit oder Nichtunsittlichkeit des Tuns — sich oftmals in der Hauptverhandlung ohne besondere Beweiserhebung „ergeben“ wird, zumal bei Beurteilung ihres Vorhandenseins häufig ethische Gesichtspunkte maßgebend sind, so ist es doch — man denke an das eingangs erwähnte Beispiel — keineswegs ausgeschlossen, daß eine lediglich auf Prüfung des staatlichen Strafanspruches gerichtete Hauptverhandlung, auch wenn sie die Sache selbst zu einer Freisprechung hinlänglich aufklärt, eben bezüglich jener Fragen nichts „ergiebt“, d. h. den Richter darüber im unklaren läßt, ob der Angeklagte unschuldig ist oder ob noch begründeter Verdacht gegen ihn besteht usw. In solchem Falle aber darf das Gericht, das ja nicht auf Antrag, sondern von Amts wegen über das Vorhandensein jener Erfordernisse zu beschließen hat, unter keinen Umständen vor die Möglichkeit gestellt werden, rein auf Grund unbestimmter Empfindungen und unzureichender Vermutungen seine Entscheidung treffen zu müssen, sondern es muß in die Lage versetzt werden, auch bezüglich jener imponderabelen Erfordernisse zu einer richterlichen Überzeugung als Grundlage seiner Entscheidung zu gelangen. Umgekehrt muß aber auch dem Angeklagten, für welchen die Möglichkeit, eine Entschädigung zu erlangen, durch Aufstellung der genannten Erfordernisse ohnedies gewaltig erschwert ist, Gelegenheit geboten werden können, das Vorhandensein jener Erfordernisse eventuell im Wege einer neuen Beweisaufnahme darzutun.[1][2] Aus alledem rechtfertigt sich die hier vertretene Meinung.

Dem so gefundenen Ergebnis stehen auch die Vorschriften der Strafprozeßordnung nicht entgegen. Nach diesen ist der Richter im Rahmen der strafprozessualen Hauptverhandlung wohl befähigt, sich auch nach der hier angedeuteten Richtung hin die gewünschte Aufklärung und Überzeugung zu verschaffen. In jeder Hauptverhandlung kann das Gericht (ausgenommen ist natürlich die Hauptverhandlung in der Revisionsinstanz) stets von Amts wegen neue Beweise erheben (§ 243 Abs. 3 Str.P.O.); andererseits steht dem Angeklagten — außer freilich in Schöffensachen sowie in Übertretungs- und Privatklagesachen in der Berufungsinstanz, wo das Gericht den Umfang der Beweisaufnahme bestimmt (§ 244 Abs. 2 daselbst)[3] — jederzeit das Recht auf Ladung neuer Zeugen und Sachverständigen sowie auf Herbeischaffung neuer Beweismittel zu; die Beweiserhebung darf nicht deshalb abgelehnt werden, weil das Beweismittel oder die zu beweisende Tatsache zu spät vorgebracht worden sei (§ 245 daselbst), und auch sonst unterliegt die Ablehnungsbefugnis des Gerichtes nach Theorie und Praxis den weitgehendsten Beschränkungen.[4]

Über das Verfahren in der Revisionsinstanz gemäß § 394 Abs. 1 Str.P.O. vgl. unten S. 122 f. dieser Abhandlung.

[1] Die Ausführungen der Motive (S. 7), daß man von dem hier vertretenen Standpunkte aus auch den Nichtverhafteten das gleiche Recht auf ausdrückliche Ermittelung ihrer Unschuld zugestehen müsse, da die Feststellung der Unschuld für diese einen ungleich höheren Wert besitzen könne, sind in diesem Zusammenhange nicht recht verständlich. Die Feststellung der Unschuld geschieht doch in unseren Fällen nicht, um den Angeklagten in den Augen der Welt als „unschuldig" zu rehabilitieren, sondern lediglich, um die Grundlage für einen Entschädigungsanspruch zu gewinnen, auf Grund dessen der Verhaftete seinen durch die Untersuchungshaft entstandenen Vermögensschaden ersetzt verlangen kann!

[2] d. h. immer im Wege einer Beweisaufnahme, die sich im Rahmen der strafprozessualen Hauptverhandlung abspielt. S. u.

[3] Auf diesen Mißstand bezieht sich auch Bozi, Recht 8. Jahrg. S. 134.

[4] Diese im Einzelnen hier darzustellen, würde den Rahmen vorliegender Abhandlung überschreiten. Vgl. insbesondere die eingehenden Erörterungen bei Löwe zu § 243 Note 8 ff. und die dortige Literatur.

Was das bei der bisherigen Darstellung der Übersichtlichkeit halber vorerst beiseite gelassene Beschlußverfahren anlangt, so giebt die Strafprozeßordnung auch hier im wesentlichen ausreichende Bestimmungen der geforderten Art. So ist vor Entscheidung über die Eröffnung des Hauptverfahrens der Angeschuldigte unter Mitteilung der Anklageschrift „aufzufordern, sich innerhalb einer zu bestimmenden Frist zu erklären, ob er eine Voruntersuchung (wenn eine solche noch nicht stattgefunden hat) oder die Vornahme einzelner Beweiserhebungen vor der Hauptverhandlung beantragen wolle (§ 199 Abs. 1, 2; diese Vorschrift versagt freilich in Schöffengerichtssachen, Abs. 4 daselbst)"; andererseits kann das Gericht, und zwar auch der Amtsrichter, vor der Beschlußfassung „zur besseren Aufklärung der Sache" die Vornahme einzelner Beweiserhebungen, in nicht schöffengerichtlichen Sachen die Ergänzung der Voruntersuchung oder die Eröffnung einer solchen — wenn dieselbe noch nicht stattgefunden hat — anordnen (§ 200 Str.P.O.).

Aus alledem ergiebt sich, daß das die Hauptentscheidung fällende Gericht im Rahmen der Strafprozeßordnung sehr wohl befähigt ist, auch in Richtung auf den Entschädigungsbeschluß die erforderlich erscheinenden Beweise zu erheben. Auf der Grundlage dieser im System der Strafprozeßordnung begründeten Befähigung erwächst durch das vorliegende Gesetz dem Gericht eine Verpflichtung. Dieselbe tritt um so dringender an den Richter heran, als der Verhaftete in einer Reihe von Beziehungen hinsichtlich der Möglichkeit, eine Aufklärung nach der bezeichneten Richtung herbeizuführen, weniger günstig gestellt ist (vgl. z. B. §§ 244 Abs. 2, 199 Abs. 4, auch Abs. 3 daselbst).[1]

[1] Die nach dem Text geforderte Prüfung des Vorliegens oder Nichtvorliegens der Entschädigungserfordernisse muß sich im Falle des Hauptverfahrens, wie bereits oben S. 115 (auch Anm. 2 daselbst) bemerkt, streng im Rahmen der strafprozessualen Hauptverhandlung halten. Eine selbständige Prüfung der Entschädigungsvoraussetzungen in einem besonderen Verfahren verbietet sich hier. Kommt das Gericht bei der Beratung zur Freisprechung, hegt es aber bezüglich der Entschädigungsvoraussetzungen noch Zweifel und sieht es sich daher veranlaßt, noch einmal in die Beweisaufnahme einzutreten, so sind nach Schluß dieser Beweisaufnahme die Formalien des § 257 Str.P.O. nochmals zu erfüllen und das Urteil erst dann zu verkünden.

Wie die Beweiserhebung im einzelnen zu erfolgen hat und wie weit sie auszudehnen ist, bestimmt das Gericht je nach Lage des Falles nach seinem freien Ermessen. Im Falle des § 2 Abs. 3 des Gesetzes werden, wenn der Angeklagte glaubhaft in Abrede stellt, die genannten Strafen verbüßt zu haben, und wenn das Gericht das a. a. O. angeführte „nicht notwendige" Erfordernis zu berücksichtigen gedenkt, zweckmäßig die betreffenden Akten zum Beweise herangezogen werden müssen.

Die so gewonnenen Grundsätze finden aber auch noch nach einer anderen Richtung hin Anwendung. In § 9 dieser Abhandlung wurden die Fälle aufgezählt, in denen die Beendigung des Verfahrens aus einem anderen Grunde erfolgt, als weil der Angeklagte der ihm zur Last gelegten Tat nicht überführt werden kann. Es sind dies die Fälle, wo wegen fehlenden oder ungenügenden Strafantrages die Einstellung des Verfahrens erfolgen muß, wo die strafbare Handlung verjährt ist oder wo, wie z. B.

Eigenartig wird dieses Ergebnis unter Umständen das Schwurgerichtsverfahren beinflussen, indem hier das Gericht, falls es an der Schuld des Angeklagten Zweifel hegt, für den Fall einer möglichen Verneinung der Schuldfrage durch die Geschworenen bereits vor der Fragestellung auch solche Tatsachen aufklären muß, die außerhalb des Wahrspruches der Geschworenen liegen (z. B. Feststellung, ob der Verhaftete seine Verhaftung grobfahrlässig verschuldet hat; Feststellung der Vorstrafen gemäß Abs. 3 des § 2, wenn Angeklagter diese verbüßt zu haben bestreitet), da im Falle des § 314 Abs. 1 Str.P.O. eine erneute Beweisaufnahme unter keinen Umständen mehr zulässig ist.

Weiter ist in diesem Zusammenhang zu behandeln die Frage, wie zu verfahren sei, wenn das zur Beschlußfassung über die Entschädigungsfrage berufene Gericht es versehentlich unterläßt, die genannte Entscheidung zu treffen und wenn der Angeklagte oder ein Unterhaltsberechtigter das ihm nach richtiger Ansicht (vgl. oben S. 104f. dieser Abhandlung) gegen eine solche Unterlassung zustehende Rechtsmittel der Beschwerde ergreift. Hier wird allein das Gericht, das die freisprechende oder außer Verfolgung setzende Hauptentscheidung getroffen hat, zu einer nachträglichen Beschlußfassung berufen sein (vgl. oben S. 103 dieser Abhandlung); diesem aber wird man, da es über Erfordernisse zu entscheiden hat, die meist nur in der Hauptverhandlung erkannt werden können, die Befugnis einräumen müssen, erforderlichenfalls die Hauptverhandlung zu wiederholen oder doch wenigstens einzelne Beweiserhebungen zu beschließen. Im Fall der Wiederholung der Hauptverhandlung dürfte übrigens in der Hauptentscheidung nicht abgewichen werden. Vgl. Löwe zu 1898 § 4 Anm. 1.

in § 173 Abs. 4 Str.G.B.s, ein Delikt im Rechtssinne nur wegen Fehlens eines subjektiven Tatbestandsmerkmales nicht vorliegt. Nun konnte oben[1] des längeren ausgeführt werden, daß in solchen Fällen eine Entschädigung nicht schlechthin ausgeschlossen werde, vielmehr auch hier das Vorhandensein der Entschädigungserfordernisse geprüft werden müsse. Damit wird jedoch das Verfahren auch nach dieser Richtung hin nicht unwesentlich beeinflußt. Denn während bisher das Gericht beim Hervortreten von Umständen, die die Straflosigkeit des Angeklagten begründeten, zur sofortigen Beendigung des Verfahrens für berechtigt erachtet werden durfte[2], so wird es nunmehr, falls es auch sachlich an der Täterschaft des Angeklagten Zweifel hegt, seine Erörterungen und Beweiserhebungen so lange fortsetzen dürfen und müssen, bis es über das Vorhandensein auch jener Erfordernisse zu einer richterlichen Überzeugung gelangt ist. Auch hier gilt es nicht, den Angeklagten, der sonst einer Entscheidung in der Sache selbst überhaupt nicht teilhaftig geworden sein würde, vor den Augen der Welt als „unschuldig" zu rehabilitieren; es soll ihm lediglich ein Entschädigungsanspruch verschafft werden, welcher die ihm durch die Verhaftung entstandene Vermögenseinbuße in geeigneter Weise auszugleichen vermag. Letzterer kann ihm nicht um deswillen versagt werden, weil eine tatsächliche Prüfung der Frage für die Hauptentscheidung sich erübrige.[3]

§ 21.

Die Unanfechtbarkeit des Beschlusses.

In Anlehnung an die gleichartige Bestimmung in dem Gesetz vom 20. Mai 1898 hat § 4 Abs. 3 Satz 2 unseres Gesetzes die

---

[1] § 9 dieser Abhandlung.

[2] Löwe wollte in solchen Fällen eine sofortige Urteilsfällung zulassen, auch ohne Beachtung des § 244 Abs. 1 Satz 1 (vgl. § 244 Note 7 und § 259 Note 8a, Abs. 2).

[3] Auch der Wortlaut des § 259 Abs. 2 Str.P.O.: „Die Einstellung des Verfahrens ist auszusprechen, wenn sich ergiebt usw.", schließt eine weitere Beweisaufnahme nicht aus, nachdem sich das Fehlen des Antrags usw. ergeben hat. Das „wenn" ist hier nicht temporal (gleich sobald), sondern konditional (gleich falls) zu verstehen.

Unanfechtbarkeit des Beschlusses ausgesprochen und damit sowohl dem Verhafteten als der Staatsanwaltschaft ein Rechtsmittel gegen denselben versagt. Im Reichstage hat diese Bestimmung manchen Angriff erfahren[1]: es wurde hauptsächlich — und nicht ganz mit Unrecht — darauf hingewiesen, daß man infolge jener Unanfechtbarkeit zu einer einheitlichen Rechtsprechung nun niemals gelangen werde, da der höchste Gerichtshof sich nur in Ausnahmefällen mit der Entschädigungsfrage werde befassen können.[2] Man darf dieses Resultat beklagen[3], namentlich im Hinblick auf die Auslegung der mannigfachen in dem Gesetz enthaltenen Einzelfragen und Einzelbegriffe; es fragt sich aber, ob auf Grund der allgemeinen Gedanken des Gesetzes eine andere Lösung überhaupt möglich war. Es wurde bereits mehrfach darauf hingewiesen[4], daß das Gesetz bestrebt ist, nur dem die Hauptentscheidung treffenden Richter die Entscheidung auch über die Ersatzfrage anzuvertrauen: und es muß diesen Standpunkt einnehmen, da es die Zubilligung der Entschädigung von Erfordernissen abhängig macht, deren Vorliegen oder Nichtvorliegen nur der mit der Sache selbst befaßte Strafrichter entscheiden kann. Eine selbständige, von dem Verfahren in der Hauptsache abgetrennte, durch ein Rechtsmittel zu erreichende Nachprüfung des Entschädigungsbeschlusses durch ein höheres Gericht würde jenen Grundsätzen völlig widersprechen: daher war für ein solches Rechtsmittel im System des Gesetzes kein Raum.

Gleichwohl ist die Entscheidung über die staatliche Entschädigungspflicht nicht von vornherein eine endgültige. Das Gesetz bestimmt nämlich in den Absätzen 2 und 4 des § 4: „Wird auf ein gegen die Hauptentscheidung eingelegtes Rechtsmittel von neuem auf Freisprechung erkannt oder Außerverfolgung-

[1] Stenogr. Ber. S. 650, 653, 663 A, 663 D.

[2] Vgl. oben S. 103, unten S. 122 f.

[3] Vgl. auch Köhler, G.Saal Bd. 64 S. 371 f. — Winkler, Recht 8. Jahrg. S. 96 f., will wenigstens im Beschlußverfahren, „wo der Angeklagte nicht einmal gehört worden ist“, ein Rechtsmittel, nämlich das der „sofortigen Beschwerde“, zulassen. — Vgl. auch Bozi S. 125 dieser Abhandlung Note 1 a. E.

[4] oben S. 103, 117 Anm.

setzung beschlossen, so ist von dem erkennenden bezw. beschließenden (höheren) Gericht über die Entschädigungsfrage von neuem Beschluß zu fassen." Der gesetzgeberische Grund dieser Bestimmung ergiebt sich aus dem oben Gesagten mit Leichtigkeit. Das in der Sache selbst von neuem entscheidende Gericht, das in gleicher Weise wie der Vorderrichter zu einer die Strafverfolgung des Verhafteten aufgebenden Entscheidung gelangt, kann auf Grund der ihm nunmehr vorliegenden Beweise und danach vielleicht veränderten Sachlage hinsichtlich des Vorliegens oder Nichtvorliegens der zur Entschädigung berechtigenden Erfordernisse anders denken als das Gericht niederer Ordnung; solchenfalls aber erscheint es billig, diese anderweite Ansicht auch in einem erneuten Beschlusse zum Ausdrucke gelangen zu lassen.[1]

Voraussetzung ist freilich, daß auch in der höheren Instanz „auf Freisprechung erkannt" bezw. „die Außerverfolgungsetzung beschlossen" wird. Das bedeutet, daß in der höheren Instanz eine Nachprüfung in tatsächlicher Beziehung stattgefunden haben muß, um einen erneuten Beschluß — der ja in gewisser Hinsicht mit der Entscheidung in der Sache selbst in engstem Zusammenhange steht — zustande kommen zu lassen. Wo die höhere Instanz nur aus Rechtsgründen erneut mit der Sache befaßt worden ist, da ist auch kein Raum für einen neuen Entschädigungsbeschluß vorhanden.[2]

Die vorstehenden Sätze bedürfen noch einer näheren Erörterung. Aus ihnen ergiebt sich zunächst praktisch, daß über die Entschädigungspflicht von neuem dann zu beschließen sein wird, wenn eine gegen die Freisprechung eingelegte Berufung oder eine gegen die Außerverfolgungsetzung erhobene sofortige Beschwerde der Staatsanwaltschaft verworfen wird.[3] Denn hier ist das Gericht zu neuer tatsächlicher Prüfung berufen,

---

[1] So im wesentlichen die Mot. zu § 4.

[2] Vgl. Mot. a. a. O. — Eine gewisse Modifikation, die jedoch von dem im Text aufgestellten Grundsatze nur scheinbar abweicht, erhält dieser Satz durch die Ausführungen auf S. 122 f.

[3] Eine erneute „Freisprechung" oder „Außerverfolgungsetzung" findet in Wirklichkeit nicht statt, sondern eine — sachlich damit übereinstimmende — Verwerfung des staatsanwaltschaftlichen Rechtsmittels.

mithin auch im Sinne des Gesetzes zur Entscheidung über Vorliegen oder Nichtvorliegen der Entschädigungserfordernisse befähigt. — Anders in den Fällen, in denen ein Rechtsmittel — z. B. in den Fällen der §§ 363, 389 Str.P.O. — als unzulässig verworfen wird. Hier erübrigt sich nach dem Gesagten eine besondere Beschlußfassung deshalb, weil eine tatsächliche Prüfung gar nicht stattfindet und darum auch eine von unserem Gesetze geforderte Würdigung des Gesamtverhaltens des Verhafteten, z. B. eine Feststellung der Unschuld desselben, nicht erfolgen kann. Das gleiche wird man annehmen müssen, wenn die gegen ein freisprechendes Urteil eingelegte Revision der Staatsanwaltschaft von dem Revisionsgerichte zurückgewiesen wird.[1] Denn da das Revisionsgericht allein die rechtliche, niemals aber die tatsächliche Seite der Sache zum Gegenstand seiner Erörterungen machen darf, so kann es einen Beschluß, der seine Grundlage lediglich in der tatsächlichen Würdigung des Falles hat, niemals erlassen, zumal ihm die für eine solche Entscheidung wichtigsten Grundlagen — wie der persönliche Eindruck vom Angeklagten, die Glaubwürdigkeit der Zeugen, das Aussehen der Urkunden, die Beschaffenheit des beaugenscheinigten Tatortes usw.[2] — als Unterlage für seine Entscheidung nicht zu Gebote stehen.[3]

[1] Übereinstimmend auch Romen zu § 4 Note 2. — Vgl. auch Mot. S. 11.

[2] Vgl. § 390 Abs. 1 Satz 2 Str.P.O.: der Angeklagte braucht nicht zu erscheinen; § 391: eine Beweisaufnahme findet nicht statt.

[3] Es könnte diesen Gründen gegenüber eingewendet werden, daß auch das über die Eröffnung des Hauptverfahrens usw. beschließende Gericht ohne die genannten Erkenntnisquellen entscheiden und sich dennoch mit der Entschädigungsfrage befassen müsse. Dem gegenüber ist darauf hinzuweisen, daß dieses Gericht einmal zur tatsächlichen Prüfung der Sache berufen ist, dann aber für den Fall, daß das Vorliegen der Entschädigungserfordernisse zweifelhaft ist, die notwendigen tatsächlichen Ermittelungen durch Beweiserhebung veranlassen kann (§ 200 Str.P.O.), was dem Revisionsgerichte versagt ist.

Auch der Hinweis auf die oben in §§ 9, 20 a. E. dieser Abhandlung gemachten Ausführungen, nach welchen das lediglich aus Rechtsgründen — z. B. wegen fehlenden Antrags — das Aufgeben der Strafverfolgung aussprechende, beschließende oder erkennende Strafgericht gleichwohl zur Fassung eines Entschädigungsbeschlusses verpflichtet sein soll, vermag an

Daß das Gericht höherer Instanz auch für den Fall der Aufhebung des verurteilenden Erkenntnisses des Vorderrichters grundsätzlich über die Entschädigung der Staatskasse zu beschließen hat, ergiebt sich bereits aus § 1 des Gesetzes. Im Übrigen walten hier die gleichen Grundsätze ob: sonach hat den Beschluß stets zu fassen der Berufungsrichter.[1] — Was das Revisionsgericht anlangt, so hat dieses je nach Lage der Sache entweder zurückzuverweisen oder selbst zu entscheiden (§ 394 Str.P.O.). Hier verbietet sich im ersteren Falle die Fassung eines Entschädigungsbeschlusses bereits aus dem nicht abschließenden Charakter der Hauptverhandlung heraus ohne Bedenken.[2] — Fraglicher schon erscheint dies im zweiten Falle, wenn das Revisionsgericht entgegen der verurteilenden Vorinstanz gemäß § 394 Abs. 1 Str.P.O. auf Freisprechung oder Einstellung des Verfahrens erkennt. Denn hier liegt einerseits die Entscheidung eines Gerichtes vor, das nur mit der rechtlichen Seite der Sache befaßt ist; andererseits wäre es eine große Härte, dem seine Freisprechung erst in der Revisionsinstanz erreichenden Verhafteten einen Entschädigungsanspruch lediglich aus juristischen Erwägungen heraus zu versagen. Man wird daher einen Mittelweg einschlagen müssen, der auf der einen Seite dem Verhafteten die Erlangung einer Entschädigung nicht grundsätzlich abschneidet, auf der anderen aber das Revisionsgericht nicht mit der Entscheidung tatsächlicher Fragen betraut, die dem Revisionsverfahren in seinem innersten Wesen fremd sind.

der im Text vertretenen Auffassung nichts zu ändern. Denn jenes Gericht ist vornehmlich berufen, die tatsächliche Seite der Sache zu prüfen und vorerst zu diesem Zweck stehen ihm die mannigfachen Erkenntnisquellen des Strafprozesses zu Gebote; ergiebt sich nun auch wirklich im Laufe der Verhandlung die Notwendigkeit einer Freisprechung usw. lediglich aus Rechtsgründen, so bleibt gleichwohl die Befugnis, mit den genannten Mitteln den Sachverhalt, soweit derselbe für den Entschädigungsbeschluß wichtig erscheint, in tatsächlicher Beziehung aufzuklären. Vgl. hierzu auch S. 118 Anm. 3 dieser Abhandlung.

[1] Das parallele Beschlußverfahren kommt mit Rücksicht auf die Unanfechtbarkeit der das Hauptverfahren eröffnenden Beschlüsse hier nicht in Betracht (§ 209 Abs. 1 Str.P.O., vgl. dazu auch Löwe Note 3a daselbst und die dort angeführte Literatur).

[2] Vgl. oben S. 43, 63 ff. dieser Abhandlung.

Hier wird man mit folgenden Erwägungen zum Ziele gelangen. Der § 394 Str.P.O. läßt das Revisionsgericht nur dann in der Sache selbst entscheiden, „sofern ohne weitere tatsächliche Erörterungen auf Freisprechung oder auf Einstellung des Verfahrens zu erkennen ist“. Sind „weitere tatsächliche Erörterungen“ erforderlich, so muß zurückverwiesen werden (Abs. 2 daselbst). — Durch unser Gesetz wird aber, wie bereits oben gezeigt[1], dem Strafrichter im allgemeinen die Verpflichtung auferlegt, den Sachverhalt nicht nur wie bisher im Hinblick auf die bevorstehende Hauptentscheidung, sondern auch mit Rücksicht auf einen für den Fall einer Freisprechung erforderlichen Entschädigungsbeschluß und die diesem zu Grunde liegenden Entschädigungserfordernisse tatsächlich aufzuklären; das Gericht hat also seine „tatsächlichen Erörterungen“, sofern es letzterer überhaupt bedarf, nach zwei Richtungen (nicht wie bisher allein auf die Schuld des Angeklagten[2]) zu erstrecken. Nun erscheint es zur Vermeidung der Härten, die eine grundsätzliche Versagung des Entschädigungsanspruches in unserem Falle mit sich bringen würde, nicht unzulässig, unter die „tatsächlichen Erörterungen“ des § 394 Str.P.O. auch die auf einen etwaigen Entschädigungsbeschluß bezüglichen mit einzubegreifen und damit den Absatz 1 a. a. O. nur dann zur Anwendung gelangen zu lassen, wenn es auch dieser Letzteren zur Entscheidung der für den Beschluß in Betracht kommenden Fragen nicht mehr bedarf.

Damit gelangen wir zu folgendem Resultat: das Revisionsgericht hat nur in dem Falle selbst zu entscheiden, wenn es ohne tatsächliche, auf die Hauptsache oder die Entschädigungsfrage bezügliche Erörterungen zur Freisprechung und zur (positiven oder negativen) Beschlußfassung gelangt. Anderenfalls hat es die Sache gemäß Abs. 2 a. a. O. an die Vorderinstanz zurückzuverweisen, der alsdann die Entscheidung über die Entschädigungsfrage zusteht.

Es darf hier endlich noch die Frage aufgeworfen werden: Kann der Freigesprochene oder Außer Verfolgung Gesetzte, der eine Entschädigung nicht erhalten hat, die Vorschrift des § 4 Abs. 3 Satz 2, wonach der Beschluß unanfechtbar ist, wirksam dadurch

[1] § 20 dieser Abhandlung.
[2] Oben S. 47 ff.

umgehen, daß er die Hauptentscheidung anficht und so gemäß Abs. 2 des genannten Paragraphen eine neue Beschlußfassung herbeiführt?

Die Frage ist zu verneinen. Zunächst ist dem Verhafteten der Inhalt des Beschlusses vor der Rechtskraft der Hauptentscheidung regelmäßig unbekannt, da er erst nach Rechtskraft dieser Entscheidung zugestellt wird (§ 4 Abs. 3 Satz 1), vorher aber nicht in die Öffentlichkeit dringt. Auch aus den in der Hauptverhandlung verkündeten Urteilsgründen (§ 267 Str.P.O.) ist ein absolut sicherer Schluß auf den Inhalt des Beschlusses nicht immer zu ziehen, da sich jene Gründe nur über die Voraussetzungen des § 1, nicht aber über die des § 2 des Gesetzes auslassen. — Selbst angenommen aber, der Inhalt des Beschlusses sei dem Verhafteten bereits vor Zustellung des Beschlusses, also vor Rechtskraft der Hauptentscheidung, deutlich erkennbar, wie dies z. B. stets der Fall sein wird, wenn die Urteilsgründe ergeben, daß die Freisprechung lediglich mangels genügender Beweise erfolgt ist, so ist doch eine Anfechtung der die Strafverfolgung aufgebenden Hauptentscheidung seitens des Freigesprochenen aus allgemeinen strafprozessualischen Erwägungen heraus als völlig unzulässig zu bezeichnen. Denn eine strafprozessuale Entscheidung unterliegt nur dann der Anfechtung durch Rechtsmittel, wenn ihr Inhalt den Anfechtenden beschwert: der Angeklagte darf darum ein gegen ihn ergangenes Urteil nur dann anfechten, wenn in demselben seine Schuld festgestellt ist[1], da er durch eine solche Feststellung unter allen Umständen beschwert wird, sei es — wie es die Regel ist —, daß auf Grund jenes Schuldspruches seine Verurteilung erfolgt, sei es, daß er zwar von Strafe freigesprochen wird (vgl. §§ 199, 233 Str.G.B.s), gleichwohl aber der Schuldspruch bei einer späteren Verurteilung wegen der gleichen oder einer ähnlichen Tat als erschwerend ins Gewicht fallen, auch die Verurteilung in die Kosten des Verfahrens gemäß § 500 Str.P.O. erfolgen kann.[2] Eine Beschwerung des Angeklagten in diesem

[1] Vgl. S. 47 ff. dieser Abhandlung.

[2] Übereinstimmend Löwe zu § 338 Note 2b; Binding S. 237 VI; v. Kries S. 638; Puchelt S. 526; Ullmann S. 584, u. a.

strafprozessualen Sinne liegt aber bei Versagung eines Entschädigungsanspruches nicht vor; denn das freisprechende Urteil basiert ja gerade auf der Nichtschuld des Angeklagten. Nun wurde zwar im vorigen Paragraphen ausgeführt, daß die Erhebungen des die Hauptentscheidung treffenden Richters auch auf Ermittelung der Unschuld des Angeklagten mit erstreckt werden müßten; dies hat aber doch nur um deswillen zu geschehen, weil die „Unschuld" des Angeklagten ein notwendiges Erfordernis des Entschädigungsanspruches ist; die Hauptentscheidung hat mit der „Unschuld" des Angeklagten gar nichts zu tun. Aus alledem folgt, daß der Angeklagte keinesfalls die seine Nichtschuld feststellende Hauptentscheidung aus dem Grunde anfechten kann, weil seine Unschuld sich nicht ergeben habe und ihm deshalb ein Entschädigungsanspruch versagt geblieben sei.[1]

§ 22.

Zeitliche Grenzen der Wirksamkeit des Beschlusses.

Nach den Ausführungen des vorigen Paragraphen tritt der Entschädigungsbeschluß von selbst außer Kraft, wenn infolge einer Anfechtung der Hauptentscheidung eine anderweite Beschlußfassung in der höheren Instanz erfolgt; Zeitpunkt des Außerkrafttretens ist die Fassung des späteren Beschlusses.

---

[1] Durch die Vorschrift über die Unanfechtbarkeit des Beschlusses wird indirekt bestimmt, daß eine Nachprüfung der Unschuld des Verhafteten nicht stattfinden soll. Hierauf aber müßte sich ja gerade das Rechtsmittel des Freigesprochenen richten, da seine Nichtschuld bereits anerkannt ist.

Überdies würde eine Anfechtung des Beschlusses nach § 202 Str.P.O. durch den Beschuldigten nicht möglich sein, da dieser Beschluß gemäß § 209 Abs. 2 daselbst nur von der Staatsanwaltschaft angefochten werden kann. — Ein Eingehen auf die praktischen Folgen, welche die Gewährung eines Rechtsmittels in den genannten Fällen für das ganze strafprozessuale Verfahren (das ja doch möglichst unberührt bleiben soll) haben würde, kann sich an dieser Stelle erübrigen, da die Unzulässigkeit eines solchen Rechtsmittels bereits aus theoretischen Gründen einleuchtet.

Nach alledem ist die Bemerkung von Bozi im „Recht" 8. Jahrg. S. 135: „daß die Unanfechtbarkeit des Beschlusses nur zu Ungunsten des Verhafteten statuiert sei, da die Staatsanwaltschaft gemäß § 4 Abs. 2 erzielen könne, daß das letztentscheidende Gericht im Gegensatz zur Vorinstanz die Entschädigung versage", bedauerlicherweise nicht ganz unrichtig.

Das Gleiche gilt, wenn die höhere Instanz zurückverweist und der Vorderrichter zu erneuter Beschlußfassung gelangt.

Keiner besonderen Hervorhebung bedarf, daß der Beschluß seine Wirksamkeit von selbst auch dann verliert, wenn die höhere Instanz abweichend von der Entscheidung des Vorderrichters verurteilt oder das Hauptverfahren eröffnet.

Kraft positiver Vorschrift soll aber weiter der die Entschädigungsverpflichtung aussprechende Beschluß dann außer Kraft treten, wenn zu Ungunsten des Freigesprochenen die Wiederaufnahme des Verfahrens angeordnet oder wenn gegen den Außer Verfolgung Gesetzten nach Wiederaufnahme der Klage das Hauptverfahren eröffnet wird (§ 5 des Gesetzes). Notwendig ist also nicht eine spätere Verurteilung; es genügt ein nachträgliches Hervortreten neuer Verdachtsmomente. Der in der Hauptsache von neuem entscheidende Richter ist dann, falls er zur Freisprechung des Angeklagten gelangt, von neuem zur Fassung eines Entschädigungsbeschlusses berufen.

Wenn zu den genannten Zeitpunkten die Entschädigung bereits ausgezahlt war, so kann sie von da an zurückgefordert werden (§ 5 Satz 2). Diese Vorschrift ist nicht ganz glücklich. Es ist doch sehr leicht denkbar, daß der Angeklagte wiederum freigesprochen wird und daß dann die Entschädigung von neuem ausgezahlt werden muß; die vorherige Zurückforderung aber kann dem Angeklagten schwere wirtschaftliche Nachteile bringen.[1] Hier sollte der Zeitpunkt einer späteren Verurteilung oder der Fassung eines versagenden Beschlusses als maßgebend angenommen werden.[2]

Im Anschluß an die Vorschrift des § 5 Abs. 2 des Gesetzes bestimmt endlich § 8, daß unter gewissen Umständen die Entscheidung der obersten Behörde der Landesjustizverwaltung nach § 6 Abs. 2 sowie die Zahlung der Entschädigung nach § 7 Abs. 1 wegen Auftreten späterer Verdachtsmomente soll ausgesetzt werden

---

[1] Darauf weist insbesondere Köhler, G.Saal Bd. 64 S. 373 hin: „es könnte eine schwere Schädigung bedeuten, wenn der Verhaftete die vielleicht schwer und nur durch Verkauf zu Schleuderpreisen flüssig zu machende Summe jetzt schon herauszahlen muß. Um den nachträglich wiedererlangten Betrag kann er die Sachen nicht zurückkaufen."

[2] So auch Hamm, D.J.Z. 1904 S. 184 f.

können. Hier genügt es aber lediglich, daß zu Ungunsten des Angeklagten die Wiederaufnahme des Verfahrens beantragt oder gegen den Außer Verfolgung Gesetzten die Klage wiederaufgenommen worden ist.

§ 23.

Die Entscheidung über den Betrag des Anspruches.

Wenn ein Verhafteter freigesprochen oder außer Verfolgung gesetzt wird, so hat der Strafrichter einen Beschluß zu fassen, der über das Vorliegen der staatlichen Entschädigungspflicht entscheidet. Damit ist jedoch seine Tätigkeit erschöpft; das weitere Verfahren, namentlich die Festsetzung der Höhe des zugesprochenen Anspruches, ist ihm durch das Gesetz entzogen. Der Strafrichter entscheidet also nur über den Grund, nicht über den Betrag des Anspruches. Diese Zweiteilung der Entscheidung, die sich bereits in dem Gesetze von 1898 findet, hat zwar von den verschiedensten Seiten lebhaften Widerspruch erfahren[1], weil sie das mehrfach erwähnte Prinzip, nur dem mit der Sache selbst befaßten Richter die Entscheidung über die Entschädigungsverpflichtung des Staates zu überlassen, in gewisser Weise selbst wieder durchbreche; es fragt sich aber, ob eine andere Lösung des Problems — wollte man einmal das strafprozessuale Verfahren möglichst wenig von dem Entschädigungsverfahren beeinflussen lassen — überhaupt denkbar war. Die Festsetzung des Betrages jenes Anspruches hätte gegebenenfalls der Vornahme von Erhebungen bedurft, die noch weniger als die Erörterungen über den Grund desselben in den Rahmen des Strafverfahrens als solchen hineingepaßt hätten; denn während die Erhebungen über den Grund mit den zur Hauptsache notwendigen Eröterungen wenigstens zum Teil in einem äußeren kriminalistischen Zusammenhange standen, insofern sie sich auf Fragen bezogen, deren Beurteilung lediglich dem Strafrichter überlassen werden kann[2], besteht bezüglich der rein civilistischen

[1] Vgl. u. v. a. Brunner, Allg. Österr. Ger.Ztg. 55. Jahrg. Nr. 15 S. 117; vgl. auch den Deutschen Juristentag von 1892 (vgl. S. 7 Anm. 2 dieser Abhandlung.

[2] Z. B. auf Feststellung der „Unschuld‘„ der „Nicht-Unredlichkeit“ etc.

Feststellung der Höhe des Betrages ein solcher Zusammenhang in keiner Weise, weshalb auch der Einwand, eine andere Behörde ermangele bei ihrer Entscheidung des persönlichen Eindruckes der Hauptverhandlung, hier völlig hinfällig ist.[1] Aus alledem kann die getroffene Zweiteilung des Verfahrens nur gebilligt werden.[2]

In § 6 Abs. 2 unseres Gesetzes wird die Entscheidung über den Betrag des Anspruches der obersten Behörde der Landesjustizverwaltung zugewiesen. Diese Bestimmung ist geeignet, Befremden hervorzurufen. Zu ihrer Begründung wurde (so auch bereits zu dem Gesetze von 1898) geltend gemacht, daß der Verhaftete durch ein solches Verfahren regelmäßig schneller in den Besitz der ihm zustehenden Entschädigung gelangen werde, daß aber ferner infolge der Vereinigung sämtlicher Entschädigungen in der einen Hand der obersten Justizverwaltungsbehörde wesentliche Ungleichheiten in der Bemessung jener Vergütung sich leichter würden vermeiden lassen. Diese Gründe erscheinen aber nicht stichhaltig. Zunächst ist in keiner Weise dargetan, weshalb das Verfahren vor der höchsten Behörde der Landesjustizverwaltung einen schnelleren Verlauf nehmen soll als ein solches vor den ordentlichen Gerichten; man darf vielleicht sogar das Gegenteil für das Wahrscheinlichere halten im Hinblick darauf, daß jene höchste Verwaltungsbehörde die Entscheidungen aus dem ganzen Lande in ihrer Hand vereinigt, dann aber auch mit den Zuständen der betreffenden Gegend kaum so vertraut sein wird und infolgedessen weit umfangreichere Ermittelungen anstellen muß als das Gericht, das mit Schadensersatzentscheidungen aus seinem

---

[1] Der persönliche Eindruck ist bei der Entscheidung über den Betrag entbehrlich. Im Anwaltsprozesse, in welchen das Verfahren bei Berufung auf den Rechtsweg übergeht (die Landgerichte sind ausschließlich zuständig, § 6 Abs. 3 Satz 3), braucht ja der Verhaftete auch nicht zu erscheinen.

[2] Man wende nicht ein, daß bei Zeugen- und Sachverständigengebühren usw. auch der Betrag von dem Strafrichter festgesetzt werde. Denn in diesem Falle ist die Festsetzung des Betrages zumeist äußerst einfach, so daß sich praktisch das Gericht der Hilfe des Gerichtsschreibers bedienen kann; die Festsetzung der Höhe des dem Verhafteten zu ersetzenden Vermögensschadens kann und wird sich jedoch zumeist schwierig und umfangreich gestalten.

Bezirke ständig befaßt und damit bezüglich der Höhe des zu gewährenden Ersatzes zu bestimmten, gleichmäßig in Anwendung gebrachten Sätzen gelangt ist. Aber auch die behauptete Gleichmäßigkeit der Entscheidungen, die sich durch Vereinigung derselben in einer Hand soll erreichen lassen, steht durchaus nicht so zweifellos fest. Denn einmal wird sich eine solche Gleichmäßigkeit in den Bundesstaaten größeren Umfangs bereits mit Rücksicht auf die Verschiedenartigkeit der Lebensverhältnisse und Lebensbedürfnisse von selbst verbieten; dann aber handelt es sich bei diesen Entscheidungen der höchsten Justizverwaltungsbehörde immer nur um Entscheidungen erster Instanz, die durch Berufung auf den Rechtsweg vor die ordentlichen Gerichte gebracht und daselbst in beliebiger Weise wieder abgeändert werden können (§ 6 Abs. 3 des Gesetzes). — Bedeutsamer aber als dies alles ist, daß durch die getroffene Regelung in gewissem Sinne gegen ein an andern Orten nachdrücklichst betontes Grundprinzip verstoßen wird[1] — gegen das Prinzip nämlich, daß durch das Gesetz dem unschuldig Verhafteten ein Rechtsanspruch auf Entschädigung gewährt werden soll. Denn wenn eine Verwaltungsbehörde auch nur über die Höhe eines Anspruches entscheidet, so ist diesem der spezifische Charakter eines Rechtsanspruches in gewissem Sinne genommen.[2] Einen Ausgleich enthält einzig und allein die schon erwähnte Bestimmung des § 6 Abs. 3, in welcher die Berufung auf den Rechtsweg zugelassen worden ist.

Aus diesem allen ergiebt sich: der Grundsatz, daß dem unschuldig Verhafteten ein Rechtsanspruch auf Entschädigung zugebilligt werden sollte, ist im Gesetze nicht ganz festgehalten, indem die erstinstanzliche Entscheidung über die Höhe des Betrages nicht, wie man erwarten sollte, den Civilgerichten, sondern einer Verwaltungsbehörde übertragen worden ist.

Das Verfahren im Einzelnen ist folgendes. Sobald die Haupt-

---

[1] Vgl. § 2 dieser Abhandlung am Anfang.

[2] Im Resultat gleich der Juristentag von 1892; derselbe wollte — z. B. Bd. 4 S. 438 — eine solche Entscheidung einer Verwaltungsbehörde zulassen, nicht aber den Beschädigten verpflichten, diese Behörde vor Betretung des Rechtsweges anzugehen. Vgl. dagegen unten S. 134 dieser Abhandlung.

entscheidung die Rechtskraft beschritten hat und der Beschluß damit ein endgültiger geworden ist[1], hat die Zustellung des Beschlusses an den Angeklagten gemäß § 4 Abs. 3 Satz 1 zu erfolgen. Von dieser Zustellung ab läuft eine sechsmonatige Präklusivfrist, in welcher der Verhaftete, der auf Grund des die Ersatzpflicht der Staatskasse aussprechenden Beschlusses einen Entschädigungsanspruch geltend zu machen gedenkt, „diesen Anspruch“ durch Antrag bei der zuständigen Staatsanwaltschaft „zu verfolgen“ hat (§ 6 Abs. 1 des Gesetzes). Die genannte Frist ist ebenso wie die in Abs. 3 a. a. O. genannte eine Ausschlußfrist im Sinne des Bürgerlichen Rechtes. Nach richtiger Ansicht[2] kommen daher die Vorschriften der Strafprozeßordnung über die „Fristen“ und namentlich über die „Wiedereinsetzung in den vorigen Stand“ (§ 42 ff. das.) hier nicht zur Anwendung; das Bürgerliche Gesetzbuch hat aber die „Wiedereinsetzung in den vorigen Stand“ im allgemeinen beseitigt.[3]

Übrigens setzt die Zustellung an den Verhafteten die genannte sechsmonatige Frist auch gegenüber den Unterhaltsberechtigten in Lauf. Denn diesen Personen wird der Beschluß unter keinen Umständen durch Zustellung bekannt gemacht: er soll lediglich einem beschränkten Kreise derselben mitgeteilt werden (§ 4 Abs. 3 Satz 3). Durch diese Vorschrift hat der Gesetzgeber eine möglichste Vereinfachung und Vereinheitlichung des späteren Verfahrens zu erreichen gesucht[4]: hier wäre es ein unzweckmäßiger Zustand, wenn die Frist bezüglich jedes einzelnen Berechtigten besonders zu laufen begänne. — Andererseits birgt die genannte Bestimmung auch Härten in sich. Es ist nicht ausgeschlossen, daß die Mitteilungsberechtigten jene Mitteilung unverschuldet so spät erhalten, daß ihnen die Einreichung eines sachgemäßen Antrages unmöglich ist; andererseits können unterhaltsberechtigte Personen, die dem Gerichte zur Zeit des Erlasses

---

[1] Vgl. § 4 Abs. 2 des Gesetzes. S. den vorigen Paragraphen dieser Abhandlung.

[2] Lessing S. 54 V; Woermann S. 60; Romen zu § 6 Note 1d. Abweichend Mamroth zu 1898 § 5 Note 2.

[3] Mot. z. B.G.B. Bd. I S. 346f.

[4] Sten. Ber. S. 2893.

der „Mitteilungen" nicht bekannt waren oder zum Hausstande des Verhafteten gehörten, einer Entschädigung gänzlich verlustig gehen, weil sie — was freilich selten vorkommen wird — von der Existenz eines Entschädigungsbeschlusses niemals oder zu spät etwas erfahren und infolgedessen auch die erforderlichen Maßnahmen zur Erlangung der Entschädigung nicht oder nicht rechtzeitig ergreifen können.

Wenn übrigens im Reichstage angeregt wurde[1], den zu erlassenden Bekanntmachungen einen Hinweis auf den Inhalt des § 6 beizugeben, so verdient dies in der Praxis die vollste Beachtung. Da das Verfahren dem Volke noch neu und zudem ziemlich umständlich ist, so wird man dem freigesprochenen Unschuldigen gern eine Handhabe zur Verfolgung seines Rechtes bieten, um später nicht lediglich wegen Versäumung der Frist seinen Anspruch abweisen zu müssen. Zudem sind auch der Strafprozeßordnung solche Hinweise auf gesetzliche Bestimmungen bekannt; vgl. z. B. § 453 Abs. 3 Str.P.O.

Zuständig zur Entgegennahme des Antrages ist nach § 6 Abs. 1 „die Staatsanwaltschaft desjenigen Landgerichtes, in dessen Bezirke das Verfahren in erster Instanz anhängig war", gleichviel also, ob eine Strafkammer, ein Schwurgericht, ein Schöffengericht oder der Amtsrichter den Entschädigungsbeschluß erlassen hat. Bezüglich derjenigen Sachen, welche in erster Instanz zur Zuständigkeit des Reichsgerichtes gehören, erklärt § 9 Abs. 2 des Gesetzes die Staatsanwaltschaft bei dem Reichsgerichte für zuständig. Im militärgerichtlichen Verfahren ist der Antrag an den Gerichtsherrn erster Instanz zu richten (§ 10 des Gesetzes), im Verfahren vor den Konsulargerichten an den Konsul (§ 11 das.), im Verfahren vor den Schutzgebietsgerichten, wenn es sich um Verbrechen oder Vergehen handelt, an die Staatsanwaltschaft (§ 6 Nr. 2a des Schutzgebiets-Gesetzes in der Fassung vom 10. September 1900 und Kaiserl. Verordnung vom 9. November 1900, betr. die Rechtsverhältnisse in den deutschen Schutzgebieten, § 5).[2]

[1] Sten. Ber. S. 656.

[2] Daß das Gesetz auch für die Schutzgebiete Geltung hat, darüber vgl. § 24 dieser Abhandlung.

Über den Antrag wird von der obersten Behörde der Landesjustizverwaltung entschieden (§ 6 Abs. 2 Satz 1). Wer diese in den einzelnen deutschen Bundesstaaten repräsentiert, bestimmt sich nach Landesrecht. In den zur Zuständigkeit des Reichsgerichtes in erster Instanz, der Konsulargerichte und Schutzgebietsgerichte[1] gehörigen Sachen entscheidet der Reichskanzler (§ 9 Abs. 2 des Gesetzes; §§ 19, 23 Abs. 3 des Gesetzes betr. die Konsulargerichtsbarkeit vom 7. April 1900; § 3 des Schutzgebietsgesetzes, § 23 des Konsulargerichtsbarkeitsgesetzes). Im militärgerichtlichen Verfahren ist die oberste Militär- oder Marine-Justizverwaltungsbehörde zur Entscheidung über den Antrag zuständig (§ 10 des Gesetzes).

Über die Form des Antrages sowie über das Verfahren bei Entscheidung desselben vor der Verwaltungsbehörde giebt das Gesetz keine besonderen Bstimmungen. Der Antrag wird in erster Linie eine Aufstellung des behaupteten Schadens enthalten und die Beweismittel für jene Behauptungen bezeichnen müssen. Das Verfahren zu regeln bleibt dem Landesrecht überlassen: dieses entscheidet daher auch über die Frage, unter welchen Umständen und in welchem Umfange eine Beweisaufnahme zulässig ist.[2] Das Reichsgesetz legt der Verwaltungsbehörde nur eine prozessuale Vorschrift auf: sie muß dem Antragsteller — wem es auch sei[3] — eine Ausfertigung der Entscheidung nach den Vorschriften der Civilprozeßordnung zustellen (§ 6 Abs. 2 des Gesetzes, vbd. §§ 166ff. C.P.O.).

Gegen die Entscheidung der obersten Behörde der Landesjustizverwaltung steht dem Antragsteller (nur diesem und seinen Rechtsnachfolgern!) binnen einer Ausschlußfrist[4] von drei Monaten,

---

[1] Vgl. Anm. 2 der vorigen Seite.

[2] Jedenfalls ist zu prüfen: Antragsberechtigung, Rechtzeitigkeit des Antrages (die Staatsanwaltschaft darf auch im Falle verspäteten Einbringens nicht selbst entscheiden, sondern muß den Antrag weitergeben; so richtig Romen § 6 Note 2b), ferner der Umstand, ob der Entschädigungsbeschluß etwa gemäß § 5 wieder außer Kraft getreten ist (vgl. § 22 dieser Abhandlung).

[3] Die Vorschrift des § 4 Abs. 3 Satz 3 vbd. Satz 1 kommt also hier nicht zur Anwendung.

[4] Vgl. S. 130 dieser Abhandlung.

die von der Zustellung der Verwaltungsentscheidung an läuft, die Berufung auf den ordentlichen Rechtsweg zu. Die Klage muß gegen diejenige Stelle gerichtet werden, die nach dem Gesetze zur Vertretung des Fiskus berechtigt ist, also bezüglich des Reichsfiskus an den Reichskanzler (Reichsgesetz vom 17. März 1878), bezüglich des Reichsmilitärfiskus an die Kontingentsverwaltungen der Einzelstaaten, die zur selbständigen Verwaltung des Militärwesens in Vertretung des Reiches berechtigt und daher auch befugt sind, den Reichsmilitärfiskus im Prozesse zu vertreten. Der Fiskus der Schutzgebiete[1] wird durch den Reichskanzler vertreten; dagegen übt der Gouverneur die Vertretung aus, wenn ihm die selbständige Verwaltung des Gebietsvermögens übertragen ist. — Die Vertretung der bundesstaatlichen Fisci ist in den einzelnen Staaten durch Landesgesetz geregelt.

Bezüglich der sachlichen Zuständigkeit des anzurufenden Gerichtes bestimmt § 6 Abs. 3 Satz 3 des Gesetzes, daß die Civilkammern der Landgerichte ausschließlich zuständig sein sollen; damit wird der Kreis der in § 70 G.V.G. genannten Sachen reichsgesetzlich erweitert. Mangels einer besonderen Vorschrift wird man die Zuständigkeit der Landgerichte auch bezüglich derjenigen Sachen annehmen müssen, welche in erster Instanz vor dem Reichsgerichte geschwebt haben.[2] Gemäß § 547 Nr. 2 C.P.O. ist demzufolge in allen Fällen ohne Rücksicht auf den Wert des Streitgegenstandes Revision bei dem Reichsgerichte zulässig (vgl. § 135 G.V.G.). — In den zur Zuständigkeit der Konsulargerichte gehörigen Sachen ist für die Ansprüche auf Entschädigung das Reichsgericht zuständig (§ 11 Abs. 2 des Gesetzes), und zwar in erster und letzter Instanz. Bezüglich der Schutzgebiete vgl. § 24 dieser Abhandlung, sowie § 6 Nr. 6 des Schutzgebietsgesetzes, § 8 der obengenannten Kaiserlichen Verordnung.

Die örtliche Zuständigkeit der Gerichte wird durch die §§ 18, 19 C.P.O. bestimmt. Das Verfahren ist dasjenige eines gewöhnlichen Civilprozesses.

[1] Vgl. S. 131 Anm. 2 dieser Abhandlung, auch S. 101.
[2] So auch Romen zu § 6 Note 3f und Komm.Ber. S. 22.

Schließlich bleibt noch zu erörtern, ob der Verhaftete auch noch auf anderem Wege als auf dem durch das Gesetz vorgezeichneten zu einer Entschädigung für den erlittenen Vermögensschaden gelangen kann. Hier gelten folgende Sätze:

Im Wege des einfachen Civilverfahrens läßt sich ein Ersatzanspruch der bezeichneten Art in der Regel nicht geltend machen, weil der einen solchen Anspruch fundierende Rechtsgrund fehlt, welcher erst durch den die Entschädigungsverpflichtung der Staatskasse aussprechenden Beschluß des Strafgerichtes zur Entstehung gelangt. Eine Ausnahme bildet lediglich der Schadensersatzanspruch wegen widerrechtlicher Freiheitsentziehung; vgl. darüber oben § 3 dieser Abhandlung. — Aber auch auf der Grundlage eines nach § 4 des Gesetzes erlassenen Beschlusses kann der Berechtigte im allgemeinen nicht alsbald den Civilrechtsweg beschreiten; denn § 6 Abs. 3 des Gesetzes schreibt zwingend vor, daß eine Civilklage erst innerhalb dreier Monate nach Zustellung der Entscheidung der Verwaltungsbehörde erhoben werden darf. Zudem stellt sich diese Klage als eine Berufung auf den Rechtsweg gegen die Vorentscheidung jener Behörde dar. — Daß späterhin, wenn über den Betrag des Anspruches bereits rechtskräftig entschieden ist (sei es durch die Verwaltungsentscheidung oder durch gerichtliches Urteil), keine neue Klage auf Grund des Entschädigungsbeschlusses zur Erlangung einer höheren Entschädigung erhoben werden kann, ergibt sich aus den allgemeinen Grundsätzen des Civilprozeßrechtes[1]; lediglich im Falle rechtswidriger Freiheitsentziehung ist ein weiteres Civilverfahren nicht ausgeschlossen.[2]

---

[1] Es kann mit Erfolg die exceptio rei judicatae geltend gemacht werden.

[2] Vgl. oben § 3. Denn hier kann noch auf Ersatz immateriellen Schadens geklagt werden.

Fünfter Abschnitt.

Schluß.

§ 24.

Zeitliche, örtliche, persönliche Geltung des Gesetzes. Verhältnis zu dem Gesetze vom 20. Mai 1898. — Schlußwort.

Die zeitliche Wirksamkeit des Gesetzes bestimmt sich, da besondere Vorschriften nicht getroffen worden sind, nach den allgemeinen Grundsätzen. Da das Gesetz unter dem 29. Juli 1904 durch das Reichsgesetzblatt publiziert worden ist, ist es demnach seit dem 12. August 1904 in Geltung. Von diesem Tage ab ist es bei jeder „Freisprechung" oder „Außerverfolgungsetzung" in Anwendung zu bringen, selbst wenn das Verfahren noch vor seinem Inkrafttreten begonnen hat (vgl. dazu § 8 E.G. zur Str.P.O.). Dies gilt — nach dem Sinne des ganzen Gesetzes — auch dann, wenn vorher bereits ein Endurteil erster Instanz ergangen war (dagegen Abs. 2 a. a. O.).[1]

Das Gesetz gilt örtlich für den gesamten Umfang des Deutschen Reiches. Darüber hinaus bestimmt, wie bereits hervorgehoben, § 11 des Gesetzes die Ausdehnung seiner Wirksamkeit auch auf das konsulargerichtliche Verfahren. — Gemäß § 3 des Schutzgebietsgesetzes in der Fassung vom 10. September 1900 in Verbindung mit § 19 Nr. 2 des Gesetzes über die Konsulargerichtsbarkeit, nach welchen die Vorschriften der Reichsgesetze über das Verfahren in Strafsachen auch für die Schutzgebiete gelten, ist es aber, da es vorwiegend strafprozessualen Charakter hat[2], auch für die Schutzgebiete in Kraft getreten.[3]

---

[1] Zwingend kommt § 8 Abs. 2 (ebensowenig wie Abs. 1 daselbst) nicht zur Anwendung, da er sich streng genommen nur auf die Str.P.O. bezieht. Aber auch dem Sinne nach ist er nicht heranzuziehen, da das Entschädigungsverfahren in der höheren Instanz völlig von Anfang an wiederholt wird, dieses Verfahren daher — zumal auch der Entschädigungsbeschluß unanfechtbar ist — sich jedenfalls stets in seiner ersten (und letzten) Instanz befindet.

[2] S. S. 12f.

[3] Übereinstimmend ROMEN zu § 11 Note 5.

Das Gesetz findet Anwendung auf alle dem deutschen Strafprozeßrechte unterworfenen Personen.[1] Ausländer sollen jedoch der in demselben enthaltenen Wohltaten nur dann teilhaftig werden, wenn durch die Gesetzgebung ihres Heimatstaates oder durch Staatsvertrag die Gegenseitigkeit verbürgt und dies im Reichsgesetzblatt ausdrücklich festgestellt worden ist (§ 12 des Gesetzes).

Bezüglich unschuldig verhafteter Militärpersonen gelten die Sondervorschriften des § 10. Wenn hier nur von „freigesprochenen", nicht auch wie sonst von „außer Verfolgung gesetzten" Personen geredet wird, auf welche das Gesetz zur Anwendung gebracht werden soll, so beruht dies auf den grundlegenden prozessualen Verschiedenheiten, welche zwischen der Strafprozeßordnung und der Militärstrafgerichtsordnung bestehen. Denn da im militärgerichtlichen Verfahren eine dem Beschlußgericht des bürgerlichen Strafprozesses entsprechende Stelle nicht vorhanden ist, vielmehr allein der Gerichtsherr zur Beendigung des Verfahrens vor der Hauptverhandlung berechtigt ist (§§ 245, 272 Mil.Str.G.O.), so entspricht eine Außerverfolgungsetzung vor der Hauptverhandlung der Einstellung des Verfahrens gemäß § 168 Str.P.O. und konnte deshalb eine Berücksichtigung hier nicht erfahren.[2]

Was schließlich das Verhältnis unseres Gesetzes zu dem Reichsgesetz vom 20. Mai 1898 anbetrifft, so erlangt ein im Wiederaufnahmeverfahren Freigesprochener, sofern nur die Voraussetzungen des § 1 des Gesetzes von 1898 und der §§ 1 und 2 des Gesetzes von 1904 erfüllt sind, einen Entschädigungsanspruch aus beiden Gesetzen. Insoweit hier die erlittene Untersuchungshaft auf die erkannte Freiheitsstrafe gemäß § 482 Str.P.O. anzurechnen war oder gemäß § 60 Str.G.B.s angerechnet worden ist, gilt sie als „vollstreckte Strafe" im Sinne von § 1 des Gesetzes von 1898, weshalb auch dieses Gesetz und nicht das Gesetz über die Entschädigung für erlittene Untersuchungshaft zur Anwendung gelangt. Letzteres bleibt jedoch

[1] Vgl. hierzu hauptsächlich § 3 Str.G.B.s; §§ 3, 4, 6 Abs. 1 E.G. zur Str.P.O.; Art. 31 R.V. vbd. § 5 E.G. zur Str.P.O.

[2] Vgl. S. 39 ff. dieser Abhandlung.

bezüglich des nicht auf die Strafe angerechneten Teiles der Untersuchungshaft maßgebend.

Mit den beiden Gesetzen hat das Deutsche Reich einen bedeutsamen Schritt vorwärts getan auf einem Wege, der von der Gesetzgebung der civilisierten Welt bisher nur äußerst vereinzelt beschritten worden ist. Die Anerkennung der staatlichen Entschädigungs*pflicht* ist erreicht. Möchte die kommende Gesetzgebung nun auch die Mängel beseitigen, die namentlich *unserem* Gesetze noch anhaften, und damit den Kulturfortschritt, welche die Gewährung eines Rechtsanspruches an jene Personen in sich schließt, zu einem ganzen und vollständigen machen! Die Frage der Entschädigung unschuldig *Verhafteter* ist die praktisch wichtigere. Möge namentlich auf diesem Gebiet die bevorstehende Reform des Strafprozesses die auf sie gerichteten großen Hoffnungen erfüllen, auf daß auch hier Deutschland vorbildlich sei für die Welt als ein Hort der *Freiheit*!

Literaturübersicht.

Arndt, Die Verfassungsurkunde für den Preußischen Staat. 4. Aufl. Berlin 1900.

v. Bar, in der „Deutschen Revue über das gesamte nationale Leben der Gegenwart“ von Richard Fleischer. 7. Jahrg. Heft 12 S. 354 bis 374.

Bennecke-Beling, Lehrbuch des Deutschen Reichsstrafprozeßrechtes. Breslau 1900.

Berolzheimer, Die Entschädigung unschuldig Verurteilter und Verhafteter. Erlanger Diss. Fürth 1891.

Binding, Grundriß des Deutschen Strafprozeßrechtes. 4. Aufl. Leipzig 1900.

Binding, Handbuch des Strafrechts I. Leipzig 1885 (in: Binding, Systematisches Handbuch der Deutschen Rechtswissenschaft, VII 1).

Birkmeyer, in den „Münchener Neuesten Nachrichten“ 1904 Nr. 167, 169, 172.

Blätter für Rechtspflege in Thüringen IL 254 (O.L.Ger. Jena 28. Dezember 1901).

Bozi, Die Entschädigung für unschuldig erlittene Untersuchungshaft. Recht VIII. Jahrg. S. 134 f.

Brückmann, Zum Gesetzentwurf betr. die Entschädigung für unschuldig erlittene Untersuchungshaft. Juristische Wochenschrift 1904 S. 83 ff.

Brunner, Die Entschädigung unschuldig Verhafteter. Allgemeine Österreichische Gerichtszeitung 55. Jahrg. Nr. 15, S. 113 ff.

Burlage, Das Gesetz betr. die Entschädigung für unschuldig erlittene Untersuchungshaft. Deutsche Juristenzeitung 1904 S. 839 ff.

Dalcke, Strafrecht und Strafprozeß. 7. Aufl. Berlin 1900.

Drucksachen des Reichstags 1882 Nr. 267; 1885/86 Nr. 155; 1897/98 Bd. III Nr. 119 S. 14, 15; 1903/1904 Nr. 202, 370.

Endemann, Lehrbuch des Bürgerlichen Rechtes. 8. Aufl. Berlin 1902.

Entscheidungen des Reichsgerichtes in Strafsachen Bd. XVIII S. 161.

Fleischmann, Von der Entschädigungspflicht gegenüber freigesprochenen Angeklagten. Kritische Vierteljahrsschrift für Gesetzgebung und Rechtswissenschaft. Neue Folge Bd. VI (der ganzen Folge XXV. Band) S. 268 bis 295.

Gesterding, Ausbeute von Nachforschungen usw. 3. Teil. Greifswald 1830. S. 281.

Geyer, Gerichtssaal Bd. 34 S. 321 bis 342.

GEYER, Lehrbuch des gemeinen deutschen Strafprozeßrechtes. Leipzig 1880.
GEYER, „Nord und Süd" Bd. 18 Heft 53 S. 167 bis 184.
GEYER, Über die den unschuldig Angeklagten oder Verurteilten gebührende Entschädigung. Deutsche Zeit- und Streitfragen. Jahrg. 11 Heft 169.
GLASER, Handbuch des Strafprozesses. Leipzig 1883/1886.
HAMM, Der Entwurf eines Gesetzes betr. die Entschädigung für unschuldig erlittene Untersuchungshaft. Deutsche Juristenzeitung 1904 S. 178 ff.
HEINZE, Das Recht der Untersuchungshaft. Leipzig 1865.
JACQUES, XIII. Juristentag, Bd. II S. 274.
JASTROW, Die Entschädigung unschuldig Verurteilter. Deutsche Juristenzeitung 1897 S. 477 ff.
Deutsche Juristentage, Verhandlungen von 1876 und 1892.
KELLER, Die Strafprozeßordnung für das Deutsche Reich nebst Einführungsgesetz. 2. Aufl. Lahr 1882.
KÖHLER, Der Entwurf eines Gesetzes betr. Entschädigung für unschuldig erlittene Untersuchungshaft. Gerichtssaal Bd. 64 S. 337 bis 383.
Kommissionsbericht des Reichstages zu dem Gesetzentwurf betr. Entschädigung für unschuldig erlittene Untersuchungshaft. Drucks. des Reichstages 1903/1904 Nr. 370.
v. KRIES, Lehrbuch des deutschen Strafprozeßrechtes. Freiburg i. B. 1892.
KRONECKER, Die Entschädigung unschuldig Verhafteter. Berlin 1883.
KULEMANN, Zur Reform der Strafprozeßordnung und der Gerichtsverfassung. Gerichtssaal Bd. 51 S. 81 ff.; insbesondere S. 116 ff. daselbst: Wiederaufnahmeverfahren und Entschädigung unschuldig Verurteilter.
LESSING, Die Entschädigung der im Wiederaufnahmeverfahren freigesprochenen Personen. Leipzig 1898.
v. LISZT, Politische Wochenschrift von DELBRÜCK, Berlin 1882. Nr. 29.
LÖWE, Die Strafprozeßordnung für das Deutsche Reich. 11. Aufl., bearb. von HELLWEG. Berlin 1904.
LÖWE, Kommentar zu dem Gesetz betr. die Entschädigung der im Wiederaufnahmeverfahren freigesprochenen Personen. Im Strafprozeßkommentar (vgl. oben) S. 1007 ff.
MAMROTH, Strafprozeßordnung. Anhang: Das Gesetz betr. die Entschädigung der im Wiederaufnahmeverfahren freigesprochenen Personen. S. 432 ff. daselbst. Berlin 1900.
MEYER, XI. Deutscher Juristentag, Bd. II S. 171 ff.
Motive zum Entwurf eines Bürgerlichen Gesetzbuches für das Deutsche Reich.
Motive zu dem Entwurf eines Gesetzes, betr. die Entschädigung der im Wiederaufnahmeverfahren freigesprochenen Personen.
Motive zu dem Entwurf eines Gesetzes, betr. die Entschädigung für unschuldig erlittene Untersuchungshaft.
NISSEN, XII. Deutscher Juristentag Bd. I S. 46 bis 63 (Gutachten).
OLSHAUSEN, Kommentar zum Strafgesetzbuch für das Deutsche Reich. 6. Aufl. Berlin 1901.

Oppler, Zur Entschädigung für unschuldig erlittene Untersuchungshaft. Recht VIII. Jahrg. S. 215.

Ortloff, Entschädigung für eine zu Unrecht erlittene Untersuchungshaft. Zeitschrift für die gesamte Strafrechtswissenschaft Bd. 22 S. 724 ff.

Planck, Das Bürgerliche Gesetzbuch nebst Einführungsgesetz, 1. und 2. Aufl. Berlin 1900.

Puchelt, Die Strafprozeßordnung für das Deutsche Reich. Leipzig 1881.

Rechtsprechung des Reichsgerichts in Strafsachen Bd. X S. 549.

Resolution des Reichstages zu dem Gesetz betr. die Entschädigung für unschuldig erlittene Untersuchungshaft, in dem obengenannten Kommissionsbericht S. 30.

Ritter, Die Entschädigung der im Wiederaufnahmeverfahren freigesprochenen Personen. Freiburger Diss. Freiburg i. B. 1900.

Romen, Die Reichsgesetze betr. die Entschädigung für unschuldige Verhaftung und Bestrafung. Berlin 1904. („§ ohne Zusatz" bedeutet den entsprechenden Paragraphen des Ges. vom 14. Juli 1904).

Schultetus, Die Entschädigung zu Unrecht Verhafteter und die Untersuchungshaft. Zeitschrift für die gesamte Strafrechtswissenschaft Bd. 23 S. 687 ff.

v. Schwarze, Gerichtssaal Bd. 34 S. 100 bis 145.

v. Schwarze, Kommentar zu der deutschen Strafprozeßordnung und zu den auf dieselbe bezüglichen Bestimmungen des Gerichtsverfassungsgesetzes. Leipzig 1878.

Stenglein, Kommentar zur Strafprozeßordnung für das Deutsche Reich. 3. Aufl. München 1898. (Nach Paragraphen citiert.)

Stenglein, Lehrbuch des deutschen Strafprozeßrechtes. Stuttgart 1887. (Nach Seiten citiert.)

Stenographische Berichte des Reichstages 1903/1904 S. 644 ff., 667 ff., 2661 ff., 2681 ff., 2888 ff.

Ullmann, Beilage zur Allgemeinen Zeitung 1904 Nr. 62 S. 490.

Ullmann, Gerichtssaal Bd. 27 S. 81 bis 93; S. 386 bis 396.

Ullmann, Lehrbuch des deutschen Strafprozeßrechtes. München 1893.

Ullmann, XI. Deutscher Juristentag Bd. I S. 87 bis 90 (Gutachten).

Vollert, XI. Deutscher Juristentag Bd. I S. 95 bis 103 (Gutachten).

Wahlberg, XI. Deutscher Juristentag Bd. I S. 42 bis 45 (Gutachten).

Winkler, Die Entschädigung für unschuldig erlittene Untersuchungshaft. Recht VIII. Jahrg., S. 94 ff.

Woermann, Das Wiederaufnahmeverfahren und die Entschädigung unschuldig Verurteilter. Berlin 1899.

Zucker, XII. Deutscher Juristentag, Bd. II S. 147 ff.

Zucker, Die Untersuchungshaft vom Standpunkte der österreichischen Strafprozeßgesetzgebung III. Abt. S. 134 bis 147. Prag 1879.

Verlag von VEIT & COMP. in Leipzig

DIE HAFTPFLICHT DES ARZTES

Ein Gutachten

von

Dr. iur. Ernst Rabel,

Professor an der Universität Leipzig.

gr. 8. 1904. geh. 2 *M* 40 *Pf*.

SUGGESTION UND HYPNOTISMUS IN DER VÖLKERPSYCHOLOGIE

von

Dr. med. Otto Stoll,

o. Professor der Geographie und Ethnologie an der Universität Zürich.

Zweite, umgearbeitete und vermehrte Auflage.

Lex. 8. 1904. geh. 16 *M*, geb in Halbfranz 18 *M* 50 *Pf*.

In diesem ausgezeichneten Werke werden zunächst die abnormen Bewußtseinszustände, deren Vorhandensein sich über die ganze Erde verbreitet im religiösen Leben aller Völker nachweisen läßt: die Erscheinungen der Ekstase, der Besessenheit, der einfachen Visionen (und Gehörstäuschungen), die Anaesthesie bei Martern, die Wachsuggestion bei den Zaubermanipulationen und die suggestiven Heilwirkungen, also das ganze Gebiet der Wundererscheinungen in der Religion und die Wunderleistungen der Priester bei den tiefer wie den höher stehenden Völkern, psychologisch erklärt.

Sodann werden die neuzeitlichen Wachsuggestionen des politischen, wirtschaftlichen, wissenschaftlichen und künstlerischen Lebens bei den westeuropäischen Völkern behandelt. An dem Beispiel der französischen Revolution im Ausgang des achtzehnten Jahrhunderts wird ihr Einfluß näher zu erläutern unternommen.

AUFGABEN UND GRUNDSÄTZE DES ARZTES BEI DER BEGUTACHTUNG VON UNFALLNERVENKRANKEN.

Antrittsvorlesung

von

Dr. Franz Windscheid,

a. o. Professor an der Universität Leipzig.

8. 1903. geh. 80 *Pf*.

Druck von Metzger & Wittig in Leipzig.